シリーズ
社会言語科学 2

ひつじ書房

社会言語科学の源流を追う

横山詔一
杉戸清樹
佐藤和之
米田正人
前田忠彦
阿部貴人

［編］

『シリーズ社会言語科学』刊行にあたって

　社会言語科学会は、1998 年に設立されて以来、「言語・コミュニケーションを、人間・文化・社会との関わりにおいて取り上げ、そこに存在する課題の解明を目指し」(学会 HP)、活動してきました。これまでの研究成果は、学会誌『社会言語科学』(年 2 回刊行)、研究大会(年 2 回開催)を通して発表されています。さらに、学会誌では毎年様々な特集を組むことにより、研究大会ではシンポジウムやワークショップを行うことにより、それぞれ特定のテーマに関する活発な議論と研究の進展を図ってきました。本学会では、これまで学会誌や研究大会を通じて行ってきた取り組みをさらに発展させ、様々なテーマに関する研究成果を示すために、今回新たに『シリーズ社会言語科学』を刊行することにしました。

　本学会は、2005 年に社会言語科学の研究領域と最新の研究成果を広く公開するため、『社会言語科学講座』(全 6 巻)を刊行しています。今回のシリーズは、前回のようなまとまった講座本の体裁は取らず、随時その時々に応じた今日的なテーマのもと、最新の研究成果を示していくことを目的としています。本シリーズが社会言語科学研究の新たな次元を切り開く先達となるべく、多くの方々の参加と応援をいただきますよう、お願いする次第です。

　最後に、本シリーズの刊行をご承諾くださったひつじ書房の松本功社長に厚く御礼申し上げます。

2012 年 9 月

社会言語科学会　　会長　　生越直樹

前会長　　岡　隆

シリーズ社会言語科学　2

社会言語科学の源流を追う―まえがき

　日本の社会言語科学の源流を追ってみると、共通語化や敬語変化など「こ
とば」の場面変化と経年変化にアプローチする研究にたどり着く。この源流
の姿をあらためて見つめ直すこと、さらに源流の流れを受けながら流れを広
げ続けている新しい流れをたどることは、社会言語科学の現在をとらえるた
めに欠かせない仕事だと考える。この仕事が本書を通して読者それぞれの手
元で進められるよう、まずは期待する。さらには、社会言語科学の新しい流
れはこの先どのような方向に向かっているか、またどのような方向に向かう
べきなのか、これを模索する機会を本書が提供できれば幸いに思う。

　こうしたことを考えながら、本書では、社会言語科学のさまざまな流れの
中にあって近年目立つ新しい流れを形づくっている研究活動と、源流として
大きな流れを形づくり今も流れ続けている調査研究とを、それぞれ重点的に
取り上げる。前者は、地震などの緊急災害時に外国人への情報提供を助ける
ための「やさしい日本語」を提案する研究活動である。また後者は、国立国
語研究所と統計数理研究所が共同で約70年間にわたって山形県鶴岡市にお
いて継続している共通語化の定点経年調査(実時間研究)である。これらを取
り上げたのは、社会言語科学会が掲げる2つの理念、welfare linguistics と
interdisciplinary の現状を知る具体的な手がかりになると考えたことによる。
とくに welfare linguistics は、社会言語科学会の屋台骨を支える中核的概念
(キー・コンセプト)になっている。

　この用語が学術文献に初めて登場するのは、徳川宗賢と J.V. ネウストプ
ニーによる対談記録(社会言語科学 2(1), 89-100, 1999 所収)だが、そこでの
カタカナ表記は「ウェルフェア・リングイスティクス」であった。これ以降
さまざまなカタカナ表記で表わされるが、本書は初出にならうことにした。
その意味でも源流へ遡ったことになる。なお、ウェルフェア・リングイス

ティクスの哲学的背景や思想的系譜の綿密な検討結果と、その研究実践については第2章で詳しく述べられる。

また、本書では、これらと同じ種類の調査研究も併せて紹介しながら、社会言語科学に貢献する科学的データをどのように収集するかという調査の実際や、データ解析の具体的な発想や詳細な方法論についても議論を深めることを目指す。

本書の構成は以下のとおりである。第1部では「言語問題の発見と対応」という新しい流れの姿について、減災のための「やさしい日本語」の研究活動を中心に詳しく紹介する。第2部では社会言語科学の源流からの流れとして現在も流れ続ける「世界最長の実時間研究：鶴岡調査」を紹介する。第3部「言語の大規模社会調査：地域・職場・学校社会での言葉の使い分け研究」では、前記鶴岡調査の流れの中で行われた各種の調査研究の概要を紹介する。第4部では、ふたたび現在に戻り、経年調査（実時間研究）データの解析のための新しい発想や具体的な解析法について実例を示して述べる。第5部には、鶴岡調査の第1回（1950年）から第3回（1991年）までの経年調査データに関する解説書『鶴岡調査データベース ver.2.0 解説（改訂版）』（国立国語研究所 2017）を、鶴岡調査の全体像を理解するための参考資料として転載許諾を得て掲載する。

なお、それぞれの章や節の順番にとらわれずに読み進めた場合であっても理解が困難にならないよう、本書では調査研究の枠組みや手法についての説明が複数の章や節で重なることがある。

本書の骨組みは2013年3月16日（土）に統計数理研究所で開催された社会言語科学会第31回大会のシンポジウム「「ことば」と「考え方」の変化研究：社会言語学の源流を追って」にもとづいている。本書の執筆者14名のうち9名がシンポジウムの登壇者であった。シンポジウム開催の機会を与えていただいた社会言語科学会と当時の大会関係者に謝意を捧げる。

さらに今、このシンポジウムの「源流」をたどると、鶴岡調査の第1回

や第 2 回の組織メンバーであった林知己夫氏（元統計数理研究所長）、西平重喜氏（元統計数理研究所員）、岩淵悦太郎氏（元国立国語研究所長）、柴田武氏（元国立国語研究所員）、金田一春彦氏（元国立国語研究所員）、野元菊雄氏（元国立国語研究所長）、徳川宗賢氏（元国立国語研究所員）、江川清氏（元国立国語研究所員）など多くの先達の学恩にたどり着く。あらためて心からの敬愛と感謝の意を表する次第である。

（横山詔一・杉戸清樹）

目　次

『シリーズ社会言語科学』刊行にあたって　　i

まえがき　　iii

第 1 部　言語問題の発見と対応

....

第 1 章　言語問題キーワード集　　　　　　　　　　5

1. 減災のための「やさしい日本語」　　　　　　　　　　5

　【1】　概説　　　　　　　　　　　　　　　　　水野義道　　5

　【2】　『災害が起こったときに外国人を助けるためのマニュアル』　御園生保子　　10

　【3】　外国人用地震災害基礎語彙 100　　　　　　佐藤和之　　16

　【4】　「やさしい日本語」の有効性検証実験　　　米田正人　　20

　【5】　日本在住外国籍社会人調査　　　　　　　水野義道　　23

　【6】　読み方スピード調査　　　　　　　　　　伊藤彰則　　28

　【7】　やんしす 「やさしい日本語」化支援システム　伊藤彰則　　30

　【8】　やさしい日本語全国マップ　　　　　　　前田理佳子　　33

　【9】　「やさしい日本語」の放送用表現　　　　　前田理佳子　　36

　【10】　掲示物描き方規則　　　　　　　　　　　前田理佳子　　39

　【11】「やさしい日本語」案文　　　　　　　　御園生保子　　42

2. 外来語言い換え提案　　　　　　　　　　　　杉戸清樹　　47

3. 「病院の言葉」を分かりやすくする工夫の提案　杉戸清樹　　52

4. 言語問題への対応の広がり　　　　　　　　　　　　57

　【1】　概要　　　　　　　　　　　　　　　　　杉戸清樹　　57

　【2】　News Web Easy　　　　　　　　　　　　阿部貴人　　59

　【3】　公的文書における〈やさしい日本語〉　　森篤嗣　　61

　【4】　裁判員のために法廷用語をやさしく　　　杉戸清樹　　64

第2章 「社会」を識別指標にする言語学

「やさしい日本語」と鶴岡調査のウェルフェアを考える

佐藤和之 ………………………………………………………………… 67

1. 社会言語学とウェルフェア　　　　　　　　　　　　　　67

2. ウェルフェアは言語研究にどう機能するか　　　　　　　69

3. 社会言語学的研究の萌芽　　　　　　　　　　　　　　　70

4. 言語権を考える　公共の福祉から平等の保証へ　　　　　71

5. 「やさしい日本語」活用の広がり　　　　　　　　　　　78

6. ウェルフェアであるための言語研究者としての責任　　　79

7. 思想としての「やさしい日本語」研究と社会言語学　　　81

8. ウェルフェアを意識した言語調査のために　　　　　　　83

9. 鶴岡調査60年目の社会言語学的研究意義　　　　　　　85

第2部　世界最長の実時間研究

鶴岡調査

第3章　鶴岡調査から見る方言の将来

佐藤亮一・米田正人・水野義道・阿部貴人 ……………………… 95

1. 過去60年間の変化の概要　　　　　　　　　　　　　　95

2. 発展的調査の目的と調査内容　　　　　　　　　　　　　99

3. 発展的調査の結果の概要　　　　　　　　　　　　　　100

4. 経年調査と発展的調査の比較　　　　　　　　　　　　106

5. 鶴岡市方言の現状と将来　　　　　　　　　　　　　　109

6. 今後の課題　　　　　　　　　　　　　　　　　　　　112

第4章　個人の言語変化をつかむ

横山詔一・中村隆・阿部貴人・前田忠彦・米田正人 ·················· 115

1. はじめに　　115
2. 調査デザイン　　118
3. 鶴岡ネイティブの分析　　120
4. 追跡データ全体の分析【参考データ】　　122
5. 総合的考察　　124

第5章　共通語化のスピード

井上史雄 ··· 129

1. はじめに　言語変化とS字カーブ　　129
2. 言語変化のS字カーブモデルの研究史　　130
3. 鶴岡調査と山添調査のS字カーブ　　133
4. 言語変化の所要年数についての規定要因　　137
5. 新方言の発見　　141
6. 結論　言語変化とS字カーブ　　145

第3部　言語の大規模社会調査
地域・職場・学校社会での言葉の使い分け研究

第6章　敬語調査、地域共通語調査、
　　　　大都市言語調査、場面差調査 ······························ 153

1. 地域社会の中の敬語使用と敬語意識　岡崎調査　　**杉戸清樹**　153
   1. どんな背景で、どんな目的を掲げたか？　　153
   2. 定点・経年　その1　同じ町・同じ人・繰り返し　　154

3. 定点・経年　その2　同じことを同じように尋ねる　155

4. 見えてきたこと　属性と敬語の基本的な関係　156

5. 見えてきたこと　いろいろな変化　157

2. 地域社会とは異なる社会集団の敬語使用と敬語意識
　職場社会と学校社会への調査の広がり　　　　　　　杉戸清樹　159

1. 職場社会の敬語調査　159

2. 学校社会の中の敬語　161

3. 地域共通語ができるまで　北海道調査　　　　　　　杉戸清樹　165

1. 地域共通語としての北海道共通語への着目　165

2. 移住世代の間の言語変容と北海道共通語　166

4. 大都市の言語生活　　　　　　　　　　　　　　　　米田正人　168

5. 場面によることばの使い分け　　　　　　　　　　　米田正人　171

第4部　経年調査（実時間研究）データの解析事例

第7章　言語の経年変化をロジスティック曲線で予測する

横山詔一 ………………………………………………………… 179

1. はじめに　179

2. 予測モデルの説明　182

3. 言語変化予測の手順　185

4. 言語変化予測の結果　187

5. まとめ　191

第8章　反復横断調査とコウホート分析

中村隆 ………………………………………………………… 195

1. コウホート表　196

2. コウホートモデル　198

3. 識別問題　199

4. パラメータの漸進的変化の条件　201

5. ベイズ型モデル　202

6. モデル選択　205

7. 集計データと個票データ　206

8. パネル調査データのコウホートモデル　207

9. "他人の子供を養子にするか"（国民性調査）の分析結果　208

10. 共通語率"非鼻音・窓（マド）"（鶴岡 R 調査）の分析結果　210

第 5 部　鶴岡調査の研究資料

鶴岡調査データベース ver.2.0 解説（改訂版）………………… 219

索引　275

執筆者紹介　281

第 1 部

言語問題の発見と対応

第1部では、社会言語科学の新しい流れを形づくっている研究活動を取り上げる。端的に言えば現代の言語問題に対峙する研究活動である。

　これらの研究活動に共通するのは、現代日本語社会の言語生活が抱える困難や課題を正面から取り上げ、それらに対する言語的な対応策や解決策を積極的に提示していることにある。現代社会の言語生活を扱うという新しさは言うまでもないが、その現状を記述・分析するだけでなくその中にある言語問題を発掘し解決の具体策を提言するという基本的な姿勢や枠組みにおいて新しい流れを形づくっている研究活動である。社会言語科学会の目標理念であるウェルフェア・リングイスティクスの一つの具体的な姿だと考える。

　第1部で重点的に扱うのは「減災のための「やさしい日本語」」の研究と活動である。向き合った言語問題は、地震など自然災害が起きたとき、日本語の不十分な日本語非母語話者に災害や避難についての情報をどのように伝えるかである。多くの外国語での情報発信が発災後短時間の間には困難であるなか、佐藤和之(編者の一人)を中心にした研究グループは「やさしい日本語」による情報発信を提案した。この提案や考え方は、現在すでに総務省消防庁や全国数多くの自治体、あるいはテレビ・ラジオ・地域放送などで実際に活用されている。第1章1には「やさしい日本語」の有効性を検証する調査など提案に関わる基盤的な調査研究を紹介し、第2章にはこの研究活動全体ひいては社会言語科学の基本理念を述べた佐藤論文を掲げる。

　第1章2–4では、別種の言語問題をとらえて具体的な対応策を提言する研究や活動の事例を紹介する。それらでは共通して「分かりにくい」日本語が改善すべき課題として取り上げられている。分かりにくい新奇な外来語、一般人に理解のむずかしい医療専門用語、官庁・役所の公的文書の用語、裁判員となる一般市民にはなじみの薄い法廷用語、日本語非母語話者には聴き取りきれない放送のことばなどである。紹介する研究や活動には、まずはこれらの実態を把握し、改善する具体策の有効性を検証することを基盤とする点でも共通性が見られる。こうした研究や活動を通して社会言語科学のいくすじもの新しい流れをたどりたい。

（杉戸清樹）

第1章
言語問題キーワード集

1. 減災のための「やさしい日本語」

【1】概説

　「減災のための「やさしい日本語」」（以下「やさしい日本語」）は、地震等の災害発生時に日本語の理解力が十分でない外国人に対して災害関連情報を伝える際に使用することを目的とした日本語を指している。災害関連情報の主な発信者は政府機関や地方公共団体、マスコミ等の関係者であり、日本語母語話者であるため、「やさしい日本語」は、日本語母語話者が自らの日本語運用能力を調整して、日本語の理解力が十分でない外国人に理解できるよう、災害関連情報を伝達する際に使用することを目的とした日本語表現法であると定義できる。

　「やさしい日本語」の取り組みが始められたきっかけは1995年に発生した阪神・淡路大震災である。外国人居住者の多い大都市を直撃した大規模災害であったため、多くの外国人が被災し、日本語母語話者を対象として発信された日本語による情報が理解できなかったことによる二次的な被災が発生した。地震発生直後は、外国人被災者を対象とした日本語以外による災害関連情報の提供がなかなか始まらなかった。この震災をきっかけとして災害時における多言語による情報提供の必要性が重視されるようになった。しかし、多言語による情報提供には、対応できる言語の種類に限度があり、全ての外国人被災者が理解できるだけの種類の言語で情報提供を行うことは難し

い。日本語母語話者向けの日本語による情報が理解できないだけでなく、提供されうる日本語以外の言語による情報も理解できない被災者に対して、「やさしい日本語」による情報提供が有効であると考えられた。また、「やさしい日本語」による情報提供は、災害関連情報を発信する側としても多言語による対応と比べて対応が容易であり、新情報の提供や情報の更新も迅速に行うことが可能であるという利点もある。

　阪神淡路大震災発生後の上記のような外国人の言語問題に関する調査・分析及びその解決策としての「やさしい日本語」による情報提供の提言は大阪大学の真田信治氏を中心に行われ、その後「やさしい日本語」の取り組みは、弘前大学の佐藤和之氏を中心とした「減災のための「やさしい日本語」研究会」(以下「減災日本語研究会」)によって引き継がれて行われてきた。

　「減災日本語研究会」の活動の主要な課題の一つは、「やさしい日本語」が具体的にどのようなものであるかを明らかにすることであった。「やさしい日本語」の特徴を規定するためには、まず日本語のやさしさのレベルを設定する必要があった。本来であれば、まず情報を受け取る側の外国人の日本語理解力を知ることから始めるべきであろうが、対象となる日本在住外国人の日本語理解力は多様であると考えられ、研究活動開始時点でその調査を行うことは難しいと考えたことと、いずれにせよ、ある程度の内容を表現できる日本語のレベルが必要であるということから、とりあえず外国人を対象とした日本語能力検定試験の旧3級(N4級相当)合格レベル(＝初級終了レベル)を目安として日本語のレベルを設定した(以下の【2】【3】【9】【11】参照)。そして、阪神・淡路大震災発生後にラジオ放送で行われた情報提供の内容を整理した結果を元に、「やさしい日本語」による放送用案文を作成し、避難所等で使用された掲示物の調査を元に「やさしい日本語」を使用した掲示物の雛形を作成した(【2】【10】参照)。

　「やさしい日本語」による災害関連情報の案文が外国人に理解可能であるかどうかの検証・調査に関する主なものとして、2005年に青森県弘前市で留学生を対象として行った検証実験(【4】参照)と、2007年と2009年にそれぞれ群馬県伊勢崎市と静岡県浜松市でブラジルを中心としたラテンアメリカ

諸国からの日系人を対象として行った調査がある（【5】参照）。また、「やさしい日本語」で作成した案文を読み上げる際の速度やポーズなどについて、どの程度の速度で、どのようなポーズを用いて読み上げれば理解されやすいかという問題に関する研究を行ってきた（【6】参照）。「やさしい日本語」による表現は、使用できる語彙および文法項目が制限されるが、「やさしい日本語」の一般的な使用者にとってはその制限がわかりにくいため、「やさしい日本語」を使った日本語文の作成を支援するコンピュータソフト「やんしす」を作成した（【7】参照）。ただし、「やさしい日本語」を使った日本語表現は、語彙・文法の制約により表現できる内容に限界があるため、情報内容を重要度によって取捨選択し、談話を理解しやすくするために表現内容の順序を変更したりすることが必要であるが、その部分については「やんしす」はまだ対応していない。

　近年は、日本在住外国人の増加および東日本大震災の発生等を受けて「やさしい日本語」の必要性に対する社会の認識が高まってきており、日本全国で「やさしい日本語」の使用が試みられるようになった（【8】参照）。

　また、行政情報やニュースなどを伝える際に使用することを目的とした「やさしい日本語」とは目的の異なる〈やさしい日本語〉の取り組みも広がりを見せている（4【2】【3】参照）。現状では主なものとして、①行政文書のための〈やさしい日本語〉、②ニュースのための〈やさしい日本語〉、③外国人観光客のための〈やさしい日本語〉がある。

　①行政文書のための〈やさしい日本語〉の取り組みは、一橋大学の庵功雄氏を中心として行われており、日本在住外国人が市役所等の行政機関で各種の手続きを行う際に用いる日本語を〈やさしい日本語〉で表現することを目的としたものである[1]。「やさしい日本語」は、使用される場面が地震等の災害発生時に限定されており、伝達する情報の内容も災害情報、避難情報、被災情報等に限られるのに対し、「行政文書のための〈やさしい日本語〉」は、住民登録、税金、出産、教育、医療、法律等生活全般にかかわる内容を扱うため、「やさしい日本語」と比べて必要となる語彙が格段に多く、また、表現内容の厳密性も求められるため、「やさしい日本語」より複雑な表

現が必要になると考えられる。また、「やさしい日本語」が緊急時における外国人のための日本語であるのに対して、「行政文書のための〈やさしい日本語〉」は平時における外国人のための日本語である。さらに、「行政文書のための〈やさしい日本語〉」が理解できるために必要な日本語能力を獲得するための日本語学習を活動の対象としている点も「やさしい日本語」と異なる点である。

　②ニュースのための〈やさしい日本語〉の取り組みとしては、2012年4月からNHKがインターネット上で行っている「News Web Easy」がある[2]。NHKは、子どもを対象とした「週間こどもニュース」や聴覚障がい者を対象とした「手話ニュース」等の番組を提供してきているが、外国人を対象に含めたものとして「News Web Easy」の提供を始めた。子ども、聴覚障がい者、外国人には、「広い意味での情報弱者」としての共通点がある。一般的な日本人成人を対象として発信されるニュースなどの情報を理解することが難しい「広い意味での情報弱者」に対して、〈やさしい日本語〉が有効な伝達手段となり得ることが実証されつつあると考えて良いと思われる。「ニュースのための〈やさしい日本語〉」は、「行政文書のための〈やさしい日本語〉」と同様に、「やさしい日本語」と比べて扱う情報の範囲が広いため、必要とする語彙も多く、複雑な表現も必要になると考えられる。

　③外国人観光客のための〈やさしい日本語〉の取り組みの代表的なものとしては、「やさしい日本語ツーリズム研究会」の活動がある[3]。近年の外国人観光客の増加に伴い、日本語をある程度理解し話すことのできる外国人観光客に対して〈やさしい日本語〉で接客することで、日本観光の魅力を高めようという趣旨の取り組みである。観光旅行で訪れる外国の言葉を少しでも学習したことのある旅行者が、できれば学習した言葉を旅行先で実際に使ってみたいと思っていることは十分に考えられる。外国人旅行者と接する日本人が外国人にとって理解しやすい〈やさしい日本語〉がどのようなものであるかを理解することは、外国人旅行者の日本人および日本に対する印象をより良いものにすることに役立つと思われる。

　上記のような多様な〈やさしい日本語〉の出現が減災日本語研究会の活動

に与えた影響として、緊急時に「やさしい日本語」が有効に機能するための準備として、平時から「やさしい日本語」を使用する取り組みを始めたことが挙げられる。「やさしい日本語」を使用して伝達するべき情報文を作成する日本語母語話者にとっても、その情報の受け手である外国人にとっても、平時において「やさしい日本語」に慣れておくことが必要であるという観点から、緊急時に使用する「やさしい日本語」をカテゴリーＩ、平時から習熟目的で使用する「やさしい日本語」をカテゴリーＩＩとして、カテゴリー別に使用する語彙および文法項目を検討している（【11】参照）。

（水野義道）

注

(1) 庵功雄・イ ヨンスク・森篤嗣編著 (2013)『「やさしい日本語」は何を目指すか』第 1 章、第 6 章、第 9 章、第 10 章、ココ出版

(2) 田中英輝・美野秀弥・越智慎司・柴田元也 (2103)「「やさしい日本語」による情報伝達」(注 1 の文献第 3 章)
https://www3.nhk.or.jp/news/easy/　2018.8.27

(3) 「やさしい日本語ツーリズム研究会」ホームページ
https://yasashii-nihongo-tourism.jp/　2018.8.27

【2】『災害が起こったときに外国人を助けるためのマニュアル』

ここでは『災害が起こったときに外国人を助けるためのマニュアル』という紙のマニュアルの成立事情と特徴を述べ、最後に弘前大学人文学部社会言語学研究室のホームページに集積された web 上のマニュアル「減災のための「やさしい日本語」」の管理維持の課題について触れる。

1. マニュアルの成立事情

阪神・淡路大震災後の調査で、震災の際に外国人居住者が情報不足で苦しんだことが明らかになったことを受け、外国人居住者への情報発信を目的として「やさしい日本語」の研究が始められた(本書【1】参照)。研究の初期に初級程度の日本語を用いた表現が伝達手段として有効かを検証する実験を行った。この段階で「やさしい日本語」の基本的な枠組みはほぼできあがりつつあり、1999 年に「「災害時の日本語」研究グループ」[1]が案文集「災害時に使う外国人のための日本語案文」[2]を刊行した。同年佐藤和之氏の弘前

大学人文学部社会言語学研究室から『災害が起こったときに外国人を助けるためのマニュアル（弘前版）』が発行された。案文集「災害時に使う日本語案文」を元にして、災害時に実際に使えるマニュアルを作ったのである。マニュアルでは、地震発生後ボランティアや行政による被災者対応が始まるまでの3日間に外国人居住者を情報弱者にしないために、何をどうするかを、弘前市を例にとって示した。1巻「災害が起こったら」、2巻「災害にそなえて」3巻「住所録」の3部構成である。1巻は1章で阪神・淡路大震災のとき発災後3日間のどの時点でどういう情報が放送されたかを時系列に沿って掲示して、次章でその情報を「やさしい日本語」に直した案文を提示し、「やさしい日本語」案文を作るためのかんたんな手引き、ポスター・ちらしを作るときに利用できるイラスト集と実物大のポスターのサンプル、弘前市の情報地図を掲載した。2巻は非常時に情報を提供する「情報ステーション」設置の提案、3巻には弘前市の外国語の通じる病院リスト、避難所の地図、大使館リストなどの情報を載せた。マニュアルに「やさしい日本語」の作り方、書き方、ポスターの作り方、ニュースの読み方等を明文化して提示したばかりでなく、案文、ポスター、地図を掲載したことで、利用者は「やさしい日本語」とはどういう日本語で、それを使って何ができるのかイメージを持てるようになった。マニュアルは研究機関ばかりでなく各県の国際課、国際交流協会、全FM局やコミュニティFMなどに配布され、「やさしい日本語」の使用が広まるきっかけになった。研究者側は国際交流協会とつながりができたことで、地域社会での外国人住民とのコミュニケーションの実態や「やさしい日本語」に対するニーズを知ることができるようになった。こうして初めてのマニュアルは以後の「やさしい日本語」研究・使用の展開に大きな影響を持つものとなった。

　2005年には『新版・災害が起こったときに外国人を助けるためのマニュアル』が発行された。2004年の新潟県中越地震での「やさしい日本語」活用の経験を踏まえた増補改訂版である。I「放送などに使うやさしい日本語案文」、II「ポスターやビラなどやさしい日本語を用いた掲示物の具体例」、III「ふだんから使える外国人のための住所録と連絡方法」、IV「やさしい日

本語の説明とマニュアルの特徴解説」という構成で、「やさしい日本語」の
解説や参考文献等の資料はIV章にまとめられた。2005年版は災害時に必要
となる幅広い情報の伝達を目的に案文、掲示中心の実用性の高いマニュアル
になった。とくにポスターの例が増えたのが目立つ。これは新潟県中越地震
の際の経験で自家用車に寝泊まりして体調をくずす人が多かったためエコノ
ミークラス症候群に対する注意喚起や予防法を示したポスターを作ったり、
携帯電話が普及したために携帯電話や充電器のポスターを作ったりするな
ど、「やさしい日本語」を使って伝達する必要があった情報に対応したもの
である。医療情報の専門知識を「やさしい日本語」化するために必要な、医
療関係者との研究グループの連携も確立され、その後も保健・医療関係のポ
スターは拡充されていく。

　さらに、2013年に『増補版・災害が起こったときに外国人を助けるため
のマニュアル』が発行され、これが印刷された「やさしい日本語」マニュア
ルの集大成である。構成はIからIVが2005年版と共通で、最後に「やさ
しい日本語」作成マニュアル「〈増補版〉「やさしい日本語」作成のためのガ
イドライン」がついている。このガイドラインは学生たちがゼミで継続して
取り組んだ研究成果を元にまとめられ、読み言葉、書き言葉、ポスターにつ
いて具体的に作り方を説明している。増補版マニュアルでは東日本大震災で
の支援経験からさらにポスターの種類が増えた。放射線に関するもの、
Wi-Fiの使い方、様々な医療関係の情報等である。また、災害基礎語彙100
語が加えられた。東日本大震災で起きたことに関する情報ばかりでなくそれ
までの研究で蓄積された情報が改訂によって増補されたのである。

2. マニュアルの特徴

2.1 まめな改訂

　前述のように、『災害が起こったときに外国人を助けるためのマニュア
ル』は現在まで2回大改訂があった。経験、必要な「やさしい日本語」表
現、研究成果が蓄積されたときに大改訂が行われたわけだが、小さな改訂は

常時続けられている。

　新しく研究成果が出て細部が正確になったのが「やさしい日本語」ニュースの話速である。当初ニュースを読む速度は 200 拍／分、短いポーズ 1 秒、長いポーズ 2 秒とされていた。この速さで内容は理解されるが、あまりに遅く、緊急感が伝わらない、同一放送時間内に伝えられる情報が少ないという問題があり、日本語初級レベルの人が理解できる話速の上限を明らかにする必要があった。弘前大学の学生の実験で 400 拍／分程度[3]、東北大伊藤彰則研究室では 360 拍／分程度が聞きやすいという結果が明らかになり[4]、「ゆっくり」とは大体 360 〜 400 拍／分程度ということがわかり、ニュースの話速が改訂された。

　また、作った案文をチェックできるプログラムが開発された。はじめは「リーディングチュウ太」[5]のレベル判定機能しかなかった。東北大学工学部伊藤彰則氏により「やんしす」(【7】参照) が考案されてから、文を入力して語や漢字の難易度を調べることができるようになった。マニュアルには案文作成者用のチェックリストものっている。

　案文もポスターの種類も改訂ごとに増えている。災害時に使用されて蓄積されるばかりでなく、日ごろから必要な項目を「やさしい日本語」に直しているためである。

2.2 「やさしい日本語」の有効性　根拠資料を掲載

　マニュアルには「やさしい日本語」の有効性検証実験の資料が掲載されており、日本語が少しできる外国人には「やさしい日本語」による広報がある程度わかることが資料から理解できる。

2.3 「やさしい日本語」の限界を認識したマニュアル

　マニュアルは発災後母語による情報が入手困難な 72 時間に、命を守るための情報を「やさしい日本語」で伝えることを目標としている。普通の日本語による情報のすべてを「やさしい日本語」で表現できるわけではない。「やさしい日本語」は母語に代わるものではないことを認識しながらも、減

14　第 1 部　言語問題の発見と対応

災に役立てようという態度である。

3. 「やさしい日本語」web サイト

　弘前大学人文学部社会言語学研究室の web サイト[6]に「やさしい日本語」についての情報がまとめられている。サイトマップには 2018 年 7 月現在 34 の項目があり、8 が『災害が起こったときに外国人を助けるためのマニュアル』にあたる。このホームページには「やさしい日本語」についての概説的な説明、今までの研究成果、実際に「やさしい日本語」案文を作るために必要な文字・語彙、分かち書きの仕方、ポスター案、新潟県中越地震、東日本大震災での活動報告、「やさしい日本語」の作り方の E ラーニングプログラム等、「やさしい日本語」に関する業績や資料が網羅的に掲載されて、更新されている。「やさしい日本語」についての最新の情報を得るにはこの web サイトを見るのが確実である。

　問題はこれが大学の研究室の web サイトであるということである。教員が異動すれば閉鎖されてしまう。「やさしい日本語」がある程度社会的に機能している現在、ホームページには多くのアクセスがある。とくに災害時は多い[7]。「やさしい日本語」の必要を感じてアクセスしたときにサイトが閉鎖されていたという事態はあってはならない。安定して web サイトを維持・管理する方法を考える時期に来ている。

　最後にゼミの伝統として研究ばかりでなくマニュアルや web サイトの維持・管理、災害時の支援に携わってきた弘前大学人文学部社会言語学研究室のゼミ生に敬意と謝意を表して、この項を終わりたい。

（御園生保子）

注
(1)　「「災害時の日本語」研究会」メンバー：井上文子、江川清、姜錫祐、佐藤和之、真田信治、杉原達、陳於華、ナカミズ・エレン、前田理佳子、松田陽子、水野義道、宮島達夫、米田正人、ロング・ダニエル（所属は略した）

（2）　案文の文案は松田陽子氏が主に担当した。

（3）　災害時の外国人に情報が的確に伝わる「やさしい日本語」での読み方スピード
http://human.cc.hirosaki-u.ac.jp/kokugo/sitemap.htm　2018.7.18

（4）　Prafiant, H., Nose, T., Chiba, Y., Ito, A. and Sato K. (2014) A Study on the Effect of Speech Rate on Perception of Spoken Easy Japanese Using Speech Synthesis. *Proc. Int. Conf. on Audio, Language and Image Processing*, pp. 476–479.

（5）　http://language.tiu.ac.jp/　2018.3.29

（6）　http://human.cc.hirosaki-u.ac.jp/kokugo/sitemap.htm　2018.7.18

（7）　熊本地震・弘大「やさしい日本語」HP　緊急情報、外国人に分かりやすく　やまぬ地震、アクセス急増（毎日新聞 2016 年 4 月 22 日）
http://mainichi.jp/articles/20160422/ddl/k02/040/278000c　2018.7.18

16　第1部　言語問題の発見と対応

【3】外国人用地震災害基礎語彙 100

　外国人用地震災害基礎語彙 100（以下災害基礎語彙 100）とは、地震が起きたとき、外国人にも必要な地震災害に関する重要語のことで、外国人自らが災害直後の避難行動や対処行動を起こすのに必要な 100 語である。日本人小学生も知っていて、自らの安全を確保するのに役立つものである。日本に来て 1 年前後の外国人なら覚えていることが望ましい「震度」（級外）[1]や「余震」（級外）、「避難」（1 級）、「破片」（2 級）、「給水」（級外）、「救急車」（級外）といった語からなる。日本海中部地震（1983）を経験した小学生と阪神・淡路大震災（1995）を経験した小学生たちの作文集から使用頻度の高かった語を選んでいる。以下の表ではその中でもとくに使用頻度の高い 30 語（最

表　外国人用地震災害基礎語彙上位 30 語

順位	語　彙	級	「やさしい日本語」表現	順位	語　彙	級	「やさしい日本語」表現
1	地震	3		16	潰れる	2	壊れる
2	倒れる	3		16	電気	4	
3	揺れる	3		18	助かる	2	生きている
4	水	4		19	震える	2	
5	落ちる	3		20	収まる	1	終わる
6	怖い	3		21	布団	3	
7	学校	4		22	けが	3	
8	避難	1	逃げる	22	もらう	3	
9	家	4		22	震度	外	震度〈地震の 大きさ〉
10	食べる	4		25	余震	外	余震〈あとから 来る 地震〉
11	ガラス	3		26	津波	1	津波〈とても 高い 波〉
12	音	3		26	体育館	外	体育館
13	逃げる	3		28	ガス	3	
14	壊れる	3		29	助ける	2	助ける
15	割れる	3		30	無事	2	生きている

※体育館のように級外の語であっても、外国人が知っていると答えることの多かった語は無理に言い替えずそのまま使うことにしている。

第1章 言語問題キーワード集　17

重要 30 語)を示した。

　災害基礎語彙には、①災害基礎語彙 100 と②「やさしい日本語」版災害基礎語彙 100 がある。後者は外国人被災者支援をする日本人が、ラジオや防災無線、掲示物などで災害基礎語彙の中でも理解の困難な語(級外、1 級、2 級語彙)を使わざるを得ないときに言い替えが容易になるよう「やさしい日本語」で言い表したものである。その使用に際しては、外国人も災害下を安全に過ごせるよう、また災害基礎語彙を自然に学習できるよう、救急車〈病気や　けがをした人を　助ける　車〉のように一続きの文として表現することを推奨している。表右端には、級外や 1 級、2 級の語の「やさしい日本語」での言い方を示した。

　災害基礎語彙の考え方の基本は、外国人居住者に 100 語を覚えてもらうことにあり、弘前大学の社会言語学研究室ではそのための独学できるテキス

マリー　　「避難所は　何が　できる　ところですか?」

田中先生「家族や　友達の　無事を　知ることが　できます。」

明　　　「地震が　起きたら　家族が　無事か　気になります。
　　　　　避難所で　家族に　会うことは　できますか?」

田中先生「避難所は　みんなの　家の　周りに　たくさん　あります。
　　　　　だから、家族の　みんなが　違う　ところへ　逃げると
　　　　　会えなくなります。
　　　　　地震が　起きる　前に、どこへ　避難するのかを　決めて　ください。」

明　　　「わかりました。他に　避難所で　できることは　ありますか?」

日本語の先生と、日本に来て 1 年前後の漢字圏、非漢字圏からの留学生が、地震について会話する様子を通じて災害基礎語彙 100 を覚えられるよう構成されている。

図 1 「第 10 課　避難所で　できること」の一部

ト『地震のことばを知ろう！』を作成した。このテキストは10課からなり、すべての文が「やさしい日本語」で書かれている。社会人の外国人が、自由になる時間を利用して独学できるようになっていて、どの課からでも始められ、また、その語を学習できたかを確かめる問題も用意している。

　日本に住んで1年前後の外国人が、独学でこの教材を使ったときの学習効果を検証したところ、以下の結果となった。

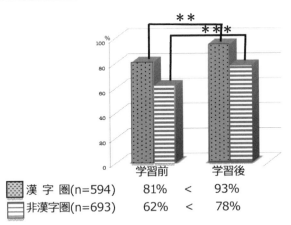

漢字圏（6名）と非漢字圏（7名）からの留学生による教材学習前後での災害基礎語彙に対する正解率の比較結果。＊＊＊と＊＊はそれぞれ有意水準が1％と5％であったことを示す。

図2　独学教材『地震のことばを知ろう！』を使った学習効果

・学習後の理解率は 14%あがり、有意水準 1%で学習効果が認められた。
・外国人を漢字圏話者と非漢字圏話者に分けて確かめると、どちらの外国人にも有意な差のある学習効果が認められた。とくに漢字圏からの留学生では 93%の理解率となった。

　外国人用地震災害基礎語彙 100、またその他の資料は次の web サイトで確認できる。
■外国人用地震災害基礎語彙 100
http://human.cc.hirosaki-u.ac.jp/kokugo/EJ100go-zyuni.html

(佐藤和之)

注
(1)　旧日本語能力試験で示された 1 級から 4 級までの級別語彙のこと。3・4 級語彙は、日常的な会話に役立つくらいの語で、語彙と漢字は別々の級として扱われる。級外語彙とは 1 級までの約 10,000 語に含まれない、それらより難易度の高い語彙。

20　第 1 部　言語問題の発見と対応

【4】「やさしい日本語」の有効性検証実験

　「やさしい日本語」が、日本語能力のそれほど高くない外国人の日本語理解に役立つことを立証するため、災害を想定した検証実験を行った。実験は、「やさしい日本語」研究会および弘前大学人文学部社会言語学研究室によって予備的段階のものを含めて 3 回にわたって行われたが、ここでは 3 回目に行われた大規模な検証実験について概略を述べることとする。

開催日時：2005 年 10 月 23 日（日）
開催場所：弘前市民体育館および弘前青少年勤労センター
被　験　者：弘前大学、青森中央学院大学の留学生（88 名）

表　「やさしい日本語」(EJ) と普通の日本語(NJ)による行動指示

			指示文
聴解実験	Q1　ガスの火を消す	EJ	ガスの火を消してください
		NJ	火の元の安全を確認してください
	Q2　頭部保護	EJ	あぶないので、帽子をかぶってください
		NJ	落下物に備えて、頭部を保護してください
	Q3　避難指示	EJ	それでは、逃げてください
		NJ	それでは、避難してください
読解実験	Q4　手を清潔に	EJ	手をふいてください
		NJ	手を清潔にしてください
	Q5　飲料水取得	EJ	水を一本持って行ってください
		NJ	飲料水を一本お持ち帰りください
	Q6　避難禁止	EJ	ここから出てください ここから出てはいけません
		NJ	この出口を使用して避難してください この出口は避難には使用できません

　実験では被験者を 2 グループに分け、一方のグループには「やさしい日本語（EJ）」で、他方には普通の日本語（NJ）で行動指示を与え、指示通り正しく行動できたかどうかを観察、判定した。指示は、聴解（音声による指示）

と読解(文字による指示)それぞれ3場面ずつ準備した。被験者の日本語レベルは旧日本語能力試験の概ね2級から4級程度であったが、グループ間で日本語能力に偏りが出ないようランダマイズを行っている(EJコース42人、NJコース46人)。

EJ、NJでの6指示に対し、正しく行動できた者の割合を図に示した。Q1

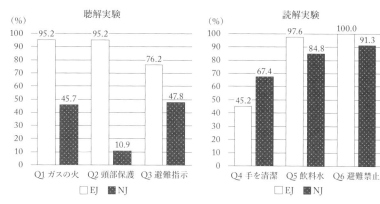

図　聴解実験、読解実験の各指示に対して正しく行動できた被験者の割合

～ Q3 の聴解問題 3 場面では EJ グループの被験者が正しい行動を行う率が NJ グループのそれに比べて明らかに高い結果となっている。しかし、Q4 ～ Q6 の読解問題 3 場面のうち「Q4 手を清潔に」では NJ グループが EJ グループより正しい行動を行う率が高いという予想に反する結果となってしまった。また、残り 2 場面の読解問題でも、EJ グループの正しい行動の率が NJ のそれを上回りはしたものの聴解問題に比べ差はわずかという結果が示された。

　以上の事から、音声による指示では「やさしい日本語」が明らかに有効である。しかし文字により指示を行う場合は、やさしくするために平仮名を使うことが、言語圏によってはかえって混乱を招く可能性がある。外国人の母語が漢字圏か非漢字圏かという点で、理解度への影響を最小限にするような「やさしい日本語」の構造を吟味する必要があると思われる。そのことが今後の課題として浮き彫りになったことは、検証実験のひとつの成果と捉えることもできよう。

（米田正人）

【付記】「やさしい日本語」研究会のメンバーは以下のとおりである（所属は検証実験実施当時のもの、＊は実験実施後の新メンバーを示す）。
佐藤和之（弘前大学／研究代表者）、石黒格（弘前大学）、伊藤彰則＊（東北大学）、伊藤健人（群馬県立女子大学）、梅沢光一（技攷舎）、鹿嶋彰（弘前大学）、工藤浩（弘前市役所）、坂本知巳＊（さかもとともみクリニック）、佐藤博彦＊（佐藤内科医院）、柴田実（NHK 放送文化研究所）、庄司輝昭（NPO 法人 CAST 職員）、杉戸清樹（国立国語研究所）、中村康司（弘前地区消防事務組合）、波多野厚禄（FM アップルウェーブ）、馬場康維（統計数理研究所）、藤盛嘉章（藤盛医院）、星野崇宏（名古屋大学）、前田理佳子（大東文化大学）、松本功＊（ひつじ書房）、水野義道（京都工芸繊維大学）、御園生保子（東京農工大学）、米田正人（国立国語研究所）、米山順一（大修館書店）

参考文献
やさしい日本語研究会（2007）『「やさしい日本語」が外国人の命を救う―情報弱者への情報提供の在り方を考える―』弘前大学人文学部社会言語学研究室
佐藤和之（2009）『「やさしい日本語」の構造―社会的ニーズへの適用に向けて―』弘前大学人文学部社会言語学研究室

【5】 日本在住外国籍社会人調査

　2005 年に弘前市で行われた検証実験では、外国人留学生を調査協力者として「やさしい日本語」による情報提供の有効性を検証した（この検証実験についての詳細は【4】を参照）。外国人留学生の場合は母国における日本語の学習経験があるか、来日後一定期間（半年〜1 年以上）日本語を集中的に学習するのが一般的であり、いずれにしても留学の初期に日本語を一定程度学習している。一方、就労目的で日本に滞在している外国人の場合は教室で教師について日本語を学習する機会がないか、あっても非常に短期間である場合が多く、職場等における日常生活の中で日本語を習得する人が多い。そこで、就労のために日本に滞在している外国人の日本語能力を調査するとともに、「やさしい日本語」による情報提供がどの程度有効であるかを確認するために、2007 年と 2009 年に日本在住外国籍社会人を対象とした調査を行った。調査協力者は群馬県伊勢崎市と静岡県浜松市に滞在するブラジルを中心としたラテンアメリカ諸国からの日系人で、調査の実施時期と調査協力者数は次の通りである。

表 1　伊勢崎調査

調査年月日	協力者数
2007 年 2 月 3 日	43 人
2007 年 6 月 24 日	42 人
調査協力者数合計	85 人

表 2　浜松調査

調査年月日	協力者数
2009 年 8 月 8 日	23 人
2009 年 8 月 9 日	34 人
2009 年 8 月 15 日	34 人
調査協力者数合計	91 人

　調査は、調査協力者がポルトガル語あるいはスペイン語で書かれた質問を読んで回答を記入する部分と、DVD に記録された映像と音声の指示（問題の日本語以外はポルトガル語およびスペイン語）に従って調査票に回答を記入する部分（日本語の聴解問題と読解問題）とからなり、所要時間は約 70 分であった。

　以下では 2009 年 8 月に浜松市で行った調査の結果について述べる。

24　第1部　言語問題の発見と対応

1.　調査協力者の属性

　調査協力者の出身国および性別は、それぞれ表3および表4の通りである。

　出身国別ではブラジル出身者が大部分を占め、性別は男女がほぼ半々であった。

　年齢は15歳から60歳までにわたり、平均年齢は42.5歳であった。また、日本滞在年数は最短4ヶ月、最長20年であり、平均滞在年数は11年であった。

表3　出身国

ブラジル	ペルー	無回答	合計
79人	11人	1人	91人

表4　性別

男性	女性	無回答	合計
47人	43人	1人	91人

2.　日本語能力の自己判定

　調査協力者の母語を用いて各自の日本語能力について自己判定をしてもらった結果を以下に示す。

　まず、会話能力については、「日本語が話せるか」という質問に対して「問題なく話せる」「少しは話せる」「全く話せない」の3つの選択肢から選んでもらった結果を表5に示した。「少しは話せる」が約7割を占めており、「問題なく話せる」と「全く話せない」が残りをほぼ二分している。日本語会話能力の自己判定と平均滞在年数との間には、平均滞在年数が長いほど日本語会話能力の自己判定も高くなっている傾向が見られる。

　次に、読解能力についての質問「ひらがな・カタカナが読めるか」に対する回答結果を表6に示した。「どちらも読めない」と回答した人が「日本語が

第 1 章　言語問題キーワード集　25

全く話せない」と回答した人と同程度おり、平均滞在年数は 10.5 年であった。

　特筆すべきことは「全く話せない」、「ひらがな・カタカナがどちらも読めない」と回答した人がそれぞれ 2 割程度おり、その平均滞在年数がそれぞれ 9.1 年、10.5 年であることである。外国籍社会人が日本滞在初期において日本語を学習する機会が少ないことを如実に示す調査結果であると考えられる。

表 5　日本語が話せるか

会話能力	問題なく話せる	少しは話せる	全く話せない	無回答
人数	12 人	62 人	15 人	2 人
平均滞在年数	15.5 年	11 年	9.1 年	－

表 6　ひらがな・カタカナが読めるか

読解能力	両方またはどちらかが読める	どちらも読めない	無回答
人数	72 人	18 人	1 人
平均滞在年数	（省略）	10.5 年	－

3.　日本語教科書使用経験（日本語学習経験）

　次に、日本語の教科書を使って日本語を学習した経験があるかどうかについて質問した結果を表 7 に示した。4 割弱の人が教科書を使って日本語を学習したことがないと回答している。「ある」という回答には教科書を使って独学で日本語を学んだ場合も含んでいるので、教室で教師について日本語を学習する機会があった人はさらに少ないと思われる。

表 7　教科書を使って日本語を学習したことがあるか

日本語教科書使用経験	ある	ない	無回答	合計
人数	56 人	33 人	2 人	91 人

4. 普通の日本語（NJ）と「やさしい日本語」（EJ）の理解度と日本語聴解能力テスト結果との関係

　聴解問題の最後に普通の日本語（NJ）による文と「やさしい日本語（EJ）」による文の理解度を比較するための問題に回答してもらった。それぞれの協力者に以下の①④または②③を組み合わせた問題を聞いてもらい、それぞれについて 4 つの異なる行動をしている人物の絵の中から指示に従って行動している絵を選んでもらった。その回答によって、「NJ・EJ 両方とも正答した人」「NJ には正答しなかったが EJ には正答した人」「NJ・EJ 両方とも正答しなかった人」の 3 つのグループに分け、それぞれのグループの人数と日本語能力を測定するために行った聴解問題の平均点を表 8 に示した。

　　普通の日本語（NJ）　　①火の元の安全を確認してください。
　　　　　　　　　　　　　②落下物に備えて、頭部を保護してください。
　　「やさしい日本語」（EJ）　③ガスの火を消してください。
　　　　　　　　　　　　　④あぶないので、帽子をかぶってください。

　聴解問題の得点の目安は、4 点が日本語能力試験旧 4 級（N5 級相当）合格レベル、11 点が旧 3 級（N4 級相当）合格レベルである。NJ・EJ の理解と聴解問題の平均点との関係は、次のようにまとめることができる。

　　・旧 4 級合格レベルでは EJ を理解することは難しい。
　　・旧 3 級合格レベルでは NJ・EJ 両方とも理解できる。
　　・上記の中間の人たちは、NJ は理解できないが EJ は理解できる。

　「やさしい日本語」のレベルとして日本語能力試験旧 3 級合格レベルを上限の目安としてきたことを考えると、おおむね妥当な結果が得られたと言って良い。ランダムサンプリング調査ではないものの、調査協力者の半数以上が NJ は理解できないが EJ なら理解できるグループに属していることから、

日本在住外国籍社会人に対しても「やさしい日本語」による情報提供は有効であると考えられる。

表8　普通の日本語（NJ）と「やさしい日本語」（EJ）の理解を比較するための問題に対する回答と日本語能力を測定するために行った聴解問題に対する回答との比較

	人数	聴解問題平均点
NJ・EJ 両方正答	26 人	11.1 点
EJ だけ正答	47 人	8.6 点
NJ・EJ 両方不正答	18 人	3.6 点
人数合計／問題満点	91 人	16.0 点

（水野義道）

28　第1部　言語問題の発見と対応

【6】読み方スピード調査

　「読み方スピード調査」とは、弘前大学および東北大学において行われた、「やさしい日本語」読み上げ音声の聞き取りやすさと話速に関する調査である。

　「やさしい日本語」は、ポスターや文書だけでなく、ラジオや防災無線などの音声メディアで利用されることも想定される。実際、弘前市のコミュニティーFM「アップルウェーブ」では 2005 年から「やさしい日本語」による番組を放送しており（Miyazaki 2007）、現在では日本各地の地域ラジオ放送だけでなく、NHK のラジオ日本や web ニュースなどでも「やさしい日本語」による番組が放送されている。

　音声によって「やさしい日本語」を伝える場合、従来の「やさしい日本語」において考慮されてきた文法的・語彙的な制約に加えて、音声に特有の要因、すなわち「話速」「ポーズ」「アクセント」「発音」「声質」なども聴取者の理解度に影響を与えうる。前述の web ニュースの話速は約 320 拍／分であるが、これが最適な話速なのかどうかは明らかではない。そこで弘前大学（2014）では、これらの要因のうち主に話速に焦点を当て、話速と主観的な聞きやすさ、および理解度を調査した。被験者数は 47 名（漢字圏 13 名、非漢字圏 34 名）で、聞きやすさについては 16 種類、理解率については 8 種類の文を聴取させた。この結果を表に示す。この結果から、聞きやすさ・理解率とも 400 拍／分の場合が最大であることがわかった。

表　話速に対する聞きやすさと理解率

話速(拍／分)	280	320	360	400
聞きやすさ(%)	40	55	59	69
理解率(%)	74	27	72	85

　東北大学における調査（Prafiant et al. 2014）では、弘前大学とほぼ同様のパラダイムで実験を行っているが、音声の作成に合成音声を用いていること、

発話内にポーズを入れていないことが異なる。被験者は 21 人である。こちらの結果では、320 拍／分と 360 拍／分の発話の適切性がほぼ同じで最も大きく、400 拍／分はそれよりやや聞き取りにくいという結果となった。また、聞きやすさおよび理解度はすべての話速でほぼ変わらないという結果であった。しかし、理解度が高い文と低い文に分けて分析をすると、図に示すように、より理解度が高い（簡単な）文は適切な話速の元で聞きやすさが向上するという結果が得られている。

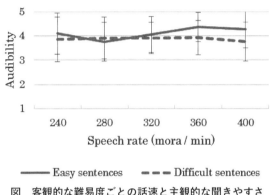

図　客観的な難易度ごとの話速と主観的な聞きやすさ

（伊藤彰則）

参考文献

Miyazaki, Yasushi. (2007) Yasashii Nihongo (Easy Japanese) on Community Media: Focusing on Radio Broadcasting. *KGPS review: Kwansei Gakuin policy studies review* 8: pp. 1–14.

弘前大学人文学部社会言語学研究室「災害時に外国人にも情報が伝わる放送の読み方スピードの検証結果」『弘前大学人文学部社会言語学研究室』弘前大学〈http://human.cc.hirosaki-u.ac.jp/kokugo/sitemap.htm〉2014.9.1

Prafiant, H., Nose, T., Chiba, Y., Ito, A. and Sato K. (2014) A Study on the Effect of Speech Rate on Perception of Spoken Easy Japanese Using Speech Synthesis. *Proc. Int. Conf. on Audio, Language and Image Processing*, pp. 476–479.

【7】やんしす 「やさしい日本語」化支援システム

　「やんしす」とは、一般の日本語母語話者が「やさしい日本語」の作文をする際の補助を行うソフトウェアである。「やさしい日本語」には、語彙・文法・表現の点で大きな制約があるが、一般の日本語母語話者がそれを熟知して作文を行うことは容易ではない。一方、通常の日本語を「やさしい日本語」に自動的に翻訳することは、現在の自動翻訳技術では難しい。そこで、現在の技術で実現できる範囲で、「やさしい日本語」の作成を助けるためのソフトウェアとして「やんしす」が設計された。日本語母語話者が「やさしい日本語」を作成するとき、最も難しいのは「自分が作成している文がどの程度外国人に通じるのか」を評価することである。そこで、「やんしす」は外国人の代わりに文の難しさを評価し、それをユーザーに提示する。

　「やんしす」の機能と利用形態について、もう少し詳しく説明する。まず、ユーザーが日本語文を作成し、それを「やんしす」に入力する。「やんしす」はその入力文を解析して、「入力文のどの部分がどういう理由でどの程度難しいのか、どうすればよりやさしくなるか」を出力する。ユーザーは「やんしす」が提示した結果を見ながら、最初に作成した文を変更する。このように「ユーザーによる文の作成→やんしすによる評価→ユーザーによる文の改善」のサイクルを繰り返すことで、ユーザーは徐々に文を「やさしい日本語」の基準に近づけていく。これを図1に示す。

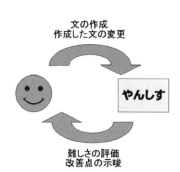

図1　やんしすを使った文作成

　次に、プログラムとしての「やんしす」について説明する。図2は「やんしす」の画面である。一番上の入力部に作成した文を入力して［評価］ボタンを押すと、上から二番目の分析結果表示部、上から三番目の評価ポイント部に分析結果が提示される。分析結果部には、元の文のどこが難しいのかが色で表示される（やや難しい場合はマゼンタ、より難しい場合は赤）。難し

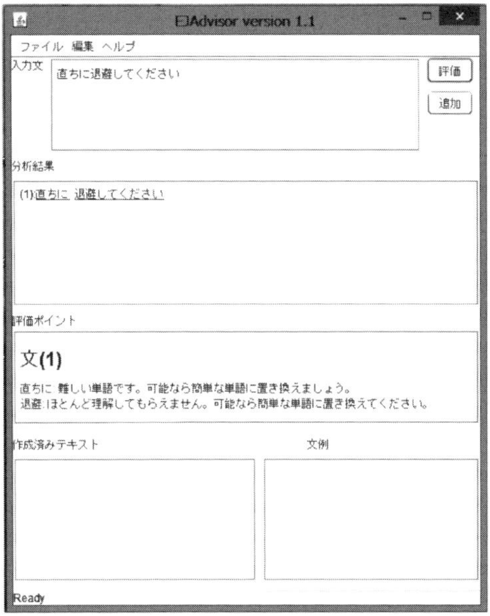

□Advisor version 1.1

ファイル 編集 ヘルプ

入力文
直ちに退避してください

[評価]
[追加]

分析結果

(1)直ちに 退避してください

評価ポイント

文(1)

直ちに: 難しい単語です。可能なら簡単な単語に置き換えましょう。
退避: ほとんど理解してもらえません。可能なら簡単な単語に置き換えてください。

作成済みテキスト   文例

Ready

図2　やんしすの画面

いとされた単語をクリックすると、その単語の詳細（やんしすの解析による
品詞や読み、難易度など）が表示され、またその単語が含まれる例文を検索
することができる。評価ポイント部には、それぞれの部分が難しい理由、改
善点の示唆などのコメントが評価される。入力 – 修正の後、文が満足すべ
きレベルになったところで［追加］ボタンをクリックすると、作成文が最下
部の作成済みテキスト部に追加され、後でまとめて保存することができる。

　最後に「やんしす」（version 1.1）の技術的側面について述べる。「やんし
す」による文の分析は、入力文の形態素解析、単語ごとの難易度辞書との照
合、文の長さの解析、特定の文型とのパターンマッチングからなっている。
形態素解析器は MeCab[1] 互換の Java ライブラリである Sen を利用し、辞書
は IPAdic[2] 2.6 を利用している。また、旧日本語能力検定の 1 〜 4 級語彙に
相当する約 8000 語の辞書を持ち、これを単語ごとの難易度判定に使ってい
る。また、30 余りの文型パターンを持ち、これに当てはまる場合に指定さ
れた改善案を提示する。例えば「〜しましょう」という表現に対し「「〜し

ましょう」は避け、「～してください」としてください」のようなアドバイスを出力する。文型パターンの判定マッチングは、文字列だけではなく、品詞も考慮した形で行われる。

　最新版の「やんしす」は以下の URL からダウンロードできる。

■やんしす（YAsashii Nihongo Slen System）

http://www.spcom.ecei.tohoku.ac.jp/YANSIS/

（伊藤彰則）

注

（1）　Kudo, T., MeCab: Japanese Morphological Analyzer,

　　　https://code.google.com/p/mecab/　2014.10.9

（2）　IPAdic legacy プロジェクト,

　　　http://sourceforge.jp/projects/ipadic/　2014.10.9

【8】やさしい日本語全国マップ

　弘前大学人文学部社会言語学研究室の web サイトには、やさしい日本語が活用されている全国の事例の存在を網羅的に示した地図が掲載されている（図参照。「やさしい日本語」ではなく、やさしい日本語であることに注意）。やさしい日本語での情報発信や相談活動等を行っている自治体、NGO、NPO、ボランティアグループ等の他、出版社、放送局等も含めて、やさしい日本語に関わる活動主体の数は 2016 年 11 月 11 日現在で 673 に上ることが示されている。1995 年 1 月の阪神・淡路大震災よりも前から日本語に不慣れな人々に向けた情報発信活動にやさしい日本語を用いてきた活動主体として知られているのは、多言語広報誌のやさしい日本語版を編集してきた横浜市のボランティアグループと神戸市の NPO の 2 団体であり、やさしい日本語の活動例を地図上にプロットする試みが初めてなされた 2006 年当時は 18 の事例が知られるのみであったことに照らすと、やさしい日本語の価値が急速に広く認知されるようになったのは 2011 年の東日本大震災をはさんだここ数年のことである。

　各団体等の活動におけるそれぞれのやさしい日本語は、日本語が母語ではない日本語の使い手に対しての配慮を含むという共通点を除けば、その言語学的な特徴（文法・語彙・音声・表記・談話構造その他）は多様であって、使用実態、使用意識、さらには用いられる場面や媒体も実にさまざまである。弘前大の web サイトには、これらをおおまかに目的別、媒体別に分類した上で、都道府県ごとに列記して整理したものが併せて掲載されている。目的としては、情報発信、計画、活用の手引き、教育、その他の 5 つのカテゴリーが設けられ、媒体としては、刊行物、ホームページ、ラジオ・ニュース、その他の 4 つのカテゴリーが設けられている。目的、媒体に応じてやさしい日本語が最大限に機能するために何が必要なのかは、今後もそれぞれのやさしい日本語の使い手たちがそれぞれの実践を通して模索していくものと思われる。他の使用例を相互に参照し発想と技術をより充実させていくための手がかりとして、マップが活用されることを願う。

34　第 1 部　言語問題の発見と対応

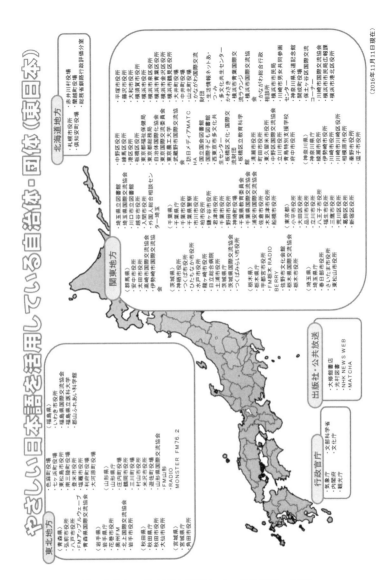

図　やさしい日本語を活用している自治体・団体
（弘前大学人文学部社会言語学研究室 web サイトより）

　やさしい日本語全国マップ及び地域別・目的別・媒体別活用事例は次の web サイトで確認できる。

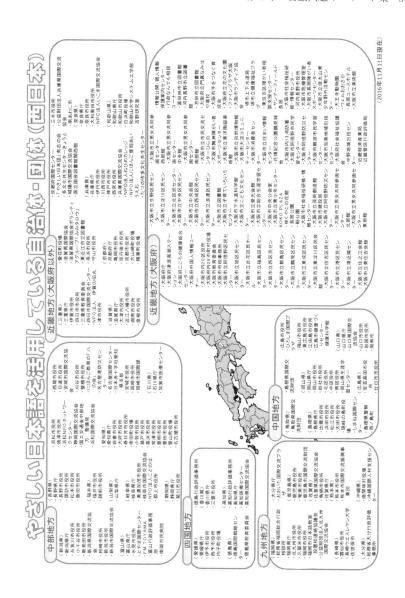

■「やさしい日本語」に対する社会的評価

http://human.cc.hirosaki-u.ac.jp/kokugo/EJ8syakaitekihyouka.top.html

（前田理佳子）

【9】「やさしい日本語」の放送用表現

　減災のための「やさしい日本語」研究会は、地震が起こった際のアナウンス文の「やさしい日本語」化について提案した（佐藤編著 2009）。これは廣井脩ほか「災害放送研究プロジェクト」が公開しているアナウンスのプロトタイプ[1]を「やさしい日本語」化して原文と対照できるようにしたものである。ここではそこで用いた「やさしい日本語」化の原則の中から文法に関わるもののいくつかについて述べる。

　旧日本語能力試験の 3、4 級の範囲内であっても、日本語に不慣れな人に理解されにくい文法項目——受け身、使役、可能の形式——を極力回避して原文の趣旨を表現するという方法を採用した。ほかに、助詞については、「を」格や「に」格に代えて用いられる「は」を避け、「を」「に」を使った。「では」「には」「へは」「よりも」などの助詞の複合形式も避けている。

　発災時のアナウンスの構成においては、このようにして難解な文法項目を避けて、用いる文法項目を絞り込むことで理解を容易にするだけではなく、次々に連鎖していくアナウンスの流れ全体をわかりやすいものにする必要がある。文や談話のひとつひとつを聞いた瞬間ごとに理解できると同時に、発災後の事態の推移に伴って変化していく情報内容そのものに聞き手が注意を振り向け続けられるようにすることが重要なのである。不慣れな言語を介して情報を得ようとするときは注意という資源が浪費されやすくなる。情報内容の変化に注意を向け続けられるようにするためには、談話構造、文法項目、語彙が多様であることによって聞き手にかかる負荷が軽減できるよう、談話の連鎖としてのアナウンス全体が、可能な限り一貫して統一・定型化されたやさしい表現で構成されている必要がある。

　そこで、混乱の元になりやすい文法項目を避けること以外に、用いる文法項目を絞るための原則をいくつか採用している。類義表現が複数ある場合、最も汎用性の高いものだけを使ってほかのものは使わないという原則がその一つである。条件節を構成する形式を「～たら」に統一して「～と」「～ば」「～なら」を避け、理由節を構成する形式を「～から」に統一して「～

ので」を避けるのがその例である。他に、「〜かもしれません」「〜心配があります」「〜危険があります」「〜ことがあります」という原文の表現を「〜かもしれません」に統一するのも同じ原則に拠っている。

多義的な表現と婉曲な表現の使用を避け、複数の形式を一つの形式に統合することでも用いる項目を少なくできる。原文には「〜ましょう」および注意喚起のための疑問文で聞き手に行動を求めるものがあるが、これらを「〜てください」に統一するのがその例である。「火を消しましょう。」「ストーブは消しましたか。」は「〜消してください。」に統一できる。「ケガをした人はいませんか。必要なら大声で隣近所に助けを求めてください。」という原文は、「やさしい日本語」では「ケガをした人は、大きい声で「たすけて！」と言ってください。」とした。

このように、絞り込んだ文法項目で単純な構造の文をつくるためには、原文の長文を分割して短文にする必要がある。よって「やさしい日本語」の談話は、複雑な埋め込み文や離れた単語に係る係り受け、あいまいな係り受けなどを避けた短文がいくつか並んだものになる。短文の連鎖の中のどこに重要な情報が現れるかが聞き手にとって予測しやすければ、情報が伝わりやすい。そこで、逐語訳ではなく、定型化した談話構造の中に原文の要点を配置し、文脈を制限して情報内容の文脈依存可能性を高めるという方法を採用した。原文の単語や表現に一対一で対応する文法項目ややさしい単語はほとんど見い出し得ない上に、逐語訳をめざすと結果として文が長く複雑になるため、かえって聞き手の理解を困難にさせるおそれがあるからである。具体的には、一つのコメント（談話）内に並ぶ各文の機能が原則として【呼びかけorトピック提示】→【行動指示】→【理由説明】という順番になるよう定型化して、どの部分が重要な情報かを予測しやすくした。正確に伝わる部分を確保することを重視し、これによって「やさしい日本語」の情報量が原文よりも少なくなるという側面を補うことをめざしている。

（前田理佳子）

注

(1) 廣井脩ほか「災害放送研究プロジェクト」3. 緊急コメント（音声入り）http://www.hiroi.iii.u-tokyo.ac.jp/index-katudo-kyodo.kenkyu-saigai_hoso-shoki_comment_honbun02.htm（廣井脩研究室）2017.6.7

参考文献

佐藤和之編著（2009）『「やさしい日本語」の構造―社会的ニーズへの適用に向けて―』弘前大学人文学部社会言語学研究室（平成18–20年度科学研究費補助金基盤研究（B）研究成果報告書「災害時の外国人のための『やさしい日本語』と社会的ニーズへの言語学的手法の適用」研究課題番号15320061）

【10】掲示物描き方規則

　「やさしい日本語」で情報発信を行う際、伝わりやすさを確保するために媒体に応じた工夫が必要である。ここでは、弘前大学人文学部社会言語学研究室が提案する紙のポスターの描き方の原則を紹介する。ポスターは、災害時に日本語に不慣れな人を安全な場所へ誘導すること、また、避難先で避難生活に必要な情報を伝えることを目的として、街頭、避難所、銭湯などに貼り出されることを想定している。日本語に不慣れな人が注目して理解にまで至ることをめざしており、コンパクトでシンプルな中に精選された重要な情報を盛り込む工夫がある。ポスター実例は全て弘前大学人文学部社会言語学研究室の web サイトからダウンロードできる。

　ポスターの内容を構成する必須の要素として挙げられているのが、(1)見出し、(2)イラスト・地図等、(3)「やさしい日本語」による文字情報、(4)作成年月日、(5)作成機関名の 5 点である。これらを下の例のような定型のレイアウトで構成する。1 枚のポスターに立てる見出し内容は 1 つに限り、多種多様なテーマの情報を一挙に混載するのを避けるのが前提である。

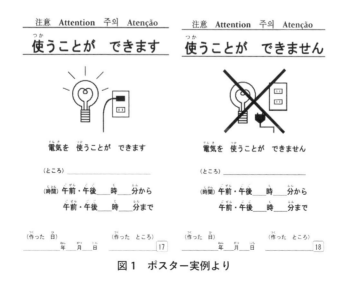

図 1　ポスター実例より

(1)–(4)それぞれの要素について、書き方・描き方の主な留意点の内容をまとめると以下のようになる。

(1) 見出し

　日本語を含む4言語で「注意」という語を最上部に書く。

　その下に「やさしい日本語」で書く。動作動詞を持つ文で書く。

(2) イラスト・地図等

　ユニバーサルデザインを指向したシンプルでコントラストがはっきりした線描を基本とする。

　記号や象徴を用いる際は文化差に配慮する。

(3)「やさしい日本語」による文字情報

表　　　記：①漢字仮名交じりの「やさしい日本語」を用いる。
　　　　　　②漢字の数を一文あたり3〜4字に留める。
　　　　　　③漢字にルビをふる。
　　　　　　④文節ごとに分かち書きする。
　　　　　　⑤句読点を用いない。

文　　　長：24拍程度以下に留める。

語　　　彙：重要な災害用語を積極的に用い、直後に〈　〉で括った説明を加える。

時間の表記：12時間表記とし、午前・午後の語を添える。
　　　　　　時間帯を表す際に「〜」を避け、「から」を用いる。

弘前大学人文学部社会言語学研究室（2010）『〈増補版〉「やさしい日本語」作成のためのガイドライン』弘前大学人文学部社会言語学研究室 p.16 より

図2　イラストの描き方の留意点より

年月日表記：西暦を用いて「○年○月○日」とする（作成年月日も同様）。
　　　　　　前述の web サイトでは、イラストの描き方、分かち書きのし
　　　　　　かたについては例とともに詳細な解説がなされている。図 2 は
　　　　　　イラストの描き方の留意点の説明部分の一部である。

（4）作成年月日
　上記の年月日表記と同様にする。

（前田理佳子）

42　第1部　言語問題の発見と対応

【11】「やさしい日本語」案文

1.　「やさしい日本語」の案文

　案文とは緊急事態が起きた時にすぐ使えるようにあらかじめ準備しておく広報文案である。「減災のための「やさしい日本語」」は災害発生後72時間（≒多言語による対応ができるまで）の広報を、日本語が少しできる外国人に理解できる日本語で伝えるために考案された。当初それ以外の用途は想定されていなかったが、外国人に情報を日本語で伝えるという考えが広まるにつれ、外国人との接触場面にいる人から種々の要請がなされるようになった。教育現場では外国人児童・生徒の保護者への緊急時の連絡手段を、自治体や外国人支援団体では生活情報を外国人居住者に広報する手段を求めている。そのために、「災害発生後72時間に必要な情報」以外の情報を伝えるための外国人にわかる日本語を新たに考えた。生活全般にわたる情報に対応するため語彙を増やした。文の構造は基本的に「やさしい日本語」を踏襲し、ほんの少し複雑な構造を許した。これを「やさしい日本語」のカテゴリーⅡ（CAT Ⅱ）とし、もともとの「やさしい日本語」をカテゴリーⅠ（CAT Ⅰ）とし区別している。CAT Ⅰ（元の「やさしい日本語」）は受け手にとってはよりやさしい反面、作り手から見ると制約が大きい。CAT Ⅱは辞書を使って日本語が読める中級程度以上の人向けである。作り手は普段CAT Ⅱを使って広報することで、災害時に躊躇なくCAT Ⅰで「やさしい日本語」表現を作れるように訓練される。表1にカテゴリーⅠとカテゴリーⅡの違いを示す。

表1　カテゴリーⅠとカテゴリーⅡ

	カテゴリーⅠ	カテゴリーⅡ
活用期間	災害発生後72時間	日常
伝達内容	災害に関する情報	日本の生活で優先順位の高い情報
対象	被災地にいる外国人	その自治体に住んでいる外国人
日本語力	日常会話ができる（N4程度）	自力で読める（N2程度）

2. カテゴリー I 「やさしい日本語」案文

「やさしい日本語」による案文として、廣井脩による「地震時の緊急コメント」[1]の発災直後情報の部分と消防科学防災センター刊行の『地域防災データ総覧・広報案文編』を「やさしい日本語」化したものが佐藤（2009）[2]に発表されている。「やさしい日本語」案文を作るときに①何を②どう書くか。「何を」で重要なのはその案文で伝える内容を一つに絞ること。「どう」には表現ばかりでなく、一つのニュース内の文の配列も含まれる。「やさしい日本語」案文では一文は簡単でも全体の内容がわかりにくいことがある。佐藤（2009）では案文を構成する文の機能を「呼びかけ」「トピック」「行動指示」「理由説明」「状況説明」「言い換え」「例示」「補足」とし、どのニュースでも上記の順番で機能を配列することでわかりやすくしようと試みた。配列の原則は重要な情報を前に置くことである。表現も定型化し「呼びかけ」は「…の人にお願いします」、「行動指示」は「…してください／しないでください」等と決めた[3]。

　一つのニュースの開始の言葉と終了の言葉の間が案文の一項目である。「やさしい日本語」版緊急コメントでは開始・終了を含まない案文一項目が平均 3.7 文、文の長さは平均 18.5 拍だった（表 2）。「やさしい日本語」案文は原文より一文が短く、案文を構成する文の数が多い。平均してかなで 20 字程度の文が 3 文〜5 文で一つの項目ができている。文の長さは「やさしい日本語」作成支援ソフトウェア「やんしす」[4]で数えられる。

表 2　緊急コメント原文と「やさしい日本語」案文
文の長さと一項目の文の数の平均

	緊急コメント原文	「やさしい日本語」案文
文の長さ	28 拍	18.5 拍
文の数	2.5 文	3.7 文

「やさしい日本語」案文では使える表現が少ないため原文より意味が単純化されることが多い。また、意図的に原文の意味を変える場合がある。「海

44　第1部　言語問題の発見と対応

の近くにいる人は、念のため津波に注意してください」を含む二つの項目は原文の表現は異なるが同じ「やさしい日本語」案文、「すぐに海から離れてください／そして高いところに逃げてください。」をあて、安全確保のために緊急性を高めた。表3に原文の抽象的表現「津波警報が解除されるまで、厳重な警戒が必要です」を言い換えて、具体的にとるべき行動を説明した「やさしい日本語」案文と各文の機能を示した。

表3　原文を具体的行動指示に変えた「やさしい日本語」案文

津波が終わったら、ニュースで言います	［トピック］
大きくて速い波が終わったら、ニュースで言います	［言い換え］
ニュースがあるまで海の近くに行かないでください	［行動指示］
津波が終わったらニュースで言います	［繰り返しトピック］
ニュースがあるまで海の近くに行かないでください	［繰り返し行動指示］

注）［　］は各文の機能

　「やさしい日本語」による広報は音声（放送、電話等）、文字（ポスター、ちらし）、webサイトで活用されてきたが、スマートフォンでも使えるように「やさしい日本語」の書き方が工夫され、使い方が公開された[5]。Android版のスマートフォンに対応した「やんしす」も開発された。災害発生直後にスマートフォンで情報を発信できる利益は大きい。

3.　カテゴリーII

　CAT IIも緊急時の連絡から始まった。外国人生徒のいる学校から生徒の保護者との連絡手段を求められ、それに対応して「さくさく作成！「やさしい日本語」を使った案文集〜災害時における学校や自治体からのお知らせ編〜」（2015）[6]を作成した。内容は、案文の構成、作り方、学校の緊急連絡、自治体の緊急連絡という構成で、弘前大学人文学部社会言語学研究室のwebサイトで公開されている。次頁の図に学校からのメールの例を示した。

　自治体や外国人居住者支援団体からは「やさしい日本語」を生活情報にも

使いたいという希望がある。しかし、CAT I では語彙が約 2,000 語で生活全般には対応できない。そこで、実際に発行されている自治体の広報誌から話題、語彙を集め、外国人居住者向け広報に必要な語彙（6,850 語）を選定した。外国人居住者向けに書き直す情報は当面以下の 5 項目である。①国や地域の制度で、日本での生活に直接かかわるもの⇒税・外国人登録等、②日本で生活していく上で特に必要なもの⇒就業・教育等、③命を守るために必要なもの⇒防災、交通ルール等、④複数の生活情報誌全てにみられたもの⇒ごみの出し方等、⑤その他外国人向けのもの⇒日本語学習講座・相談等。CAT II は単語こそ増えたが、基本的な文の構造やルールは「やさしい日本語」とほぼ共通である。例えば難しい語には言い換えを付ける。前述したように CAT II による広報は緊急時に「やさしい日本語」案文をつくるための日常的訓練という意味も大きい。

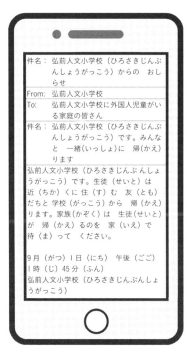

図　集団下校を知らせる学校からのお知らせ（スマホ用）

4. 「やさしい日本語」によるコミュニケーション

　受け手にわかりやすく表現しようとするとき、対面して話すと話しやすい。理解を確かめながら相手のわかる表現をその場で探すことができる。小中学校の外国人保護者が対象の場合、子供を介してでも普段からコミュニケーションをとっていれば受け手のわかる表現の想像がつき広報文が作りやすくなる。外国人住民の日本語能力はさまざまである。外国人住民の協力を得て、よりわかりやすい表現を作っていくことが望ましい。当たり前のことだが、日本語を知らない人には「やさしい日本語」が通じない。多言語対応の一つとして「やさしい日本語」がある。

　「やさしい日本語」は広報を多言語に翻訳するときにも役に立つ。「やさしい日本語」案文ではいちばん重要なことしか言わないため、翻訳するべき情報がわかりやすい。「やさしい日本語」の多言語化でも日ごろから外国人住民の協力が必要である。地域社会の中のコミュニケーションを活発にすることが「やさしい日本語」の有効活用に、ひいては減災につながる。

（御園生保子）

注
(1)　地震時の緊急コメント http://www.hiroi.iii.u-tokyo.ac.jp/index-katudo-kyodo.kenkyu-saigai_hoso-shoki_comment_honbun02.htm　2018.8.21
(2)　平成18–20年度　科学研究費補助金　基盤研究(B)研究成果報告書「災害時の外国人のための「やさしい日本語」と社会的ニーズへの言語学的手法の適用」研究課題番号15320061「やさしい日本語の構造」―社会的ニーズへの適用に向けて―研究代表者佐藤和之(弘前大学)2009年3月
(3)　御園生保子「「やさしい日本語広報文」の談話構造」佐藤2009)。
(4)　伊藤彰則 http://www.spcom.ecei.tohoku.ac.jp/~aito/YANSIS/　本書【7】参照　2018.3.29
(5)　http://human.cc.hirosaki-u.ac.jp/kokugo/sitemap.html　2018.7.18
(6)　http://human.cc.hirosaki-u.ac.jp/kokugo/sitemap.html　2018.7.18
(7)　「生活情報誌作成のための「やさしい日本語」用字・用語辞典～自治体・外国人支援団体向け「やさしい日本語」カテゴリーII」(2017改訂) http://human.cc.hirosaki-u.ac.jp/kokugo/CATtwo.html　2018.7.18

第 1 章　言語問題キーワード集　47

2.　外来語言い換え提案

　言語問題の一つとして次に取り上げるのは、一般の日常生活の中でしばしば見聞きする分かりにくい外来語である。幕末以降、西欧語に由来する外来語は様々な分野で増え続けている。そのうち、例えば新聞やテレビ、あるいは交通機関や役所などで用いられて、老若男女さまざまな立場や背景の一般の人が見聞きする言葉の中に、多くの人にとってなじみの薄い分かりにくい外来語が数多く用いられ、意思疎通の障碍になる場合のあることが、戦後になってしばしば指摘されてきた。

　ここで紹介するのは、ときに「外来語の氾濫」と言われる上記のような言語問題に対して、その問題の実態調査を踏まえつつ、分かりにくい外来語を分かりやすくする工夫や言い換える際の具体例を提案した仕事である。

1.　外来語についての意識調査を経て

　この提案は、国立国語研究所が主宰してマスコミ・出版・言語研究の分野から委員の参加を得た国立国語研究所「外来語」委員会が行った。数年にわたる事前の各種調査を経て、計 4 回の具体的な提案を重ねたのちにそれらをまとめて、『分かりやすく伝える外来語言い換え手引き』(同委員会編 2006、ぎょうせい)を公刊した。

　事前の調査は、外来語の使用実態、外来語に対する意識、外来語についての理解度・定着度などに分けて実施した。その調査結果は、提案の基礎データとされた。(各種調査の詳細は、『公共媒体の外来語─外来語言い換え提案を支える調査研究』国立国語研究所報告 126(2007 年)及び国語研 web サイトを参照。)

　このうち、2003 年の「外来語に関する意識調査」では、全国の 15 歳以上の男女計 4,500 人を対象にして、外来語に困った経験や意見などを尋ねた。

この結果のうち、「外来語・略語の意味が分からずに困った経験の有無」について、全体の77.7%が「しばしばある」「時々ある」と答え、特に60歳以上では「しばしばある」の回答者だけで40%近くを占めた。高年齢層に現れがちだという外来語の問題の端的な姿だと言える。

さらに、分かりにくい外来語を言い換えて欲しい分野があるか否かについては、「言い換えて欲しい分野がある」という回答が全体の89.5%を占めた。また、特に言い換えをして欲しい分野を選んでもらった回答は図1のとおりである。

政治・経済、医療・福祉、コンピューター関連が半数前後と多く、これに対してファッション、スポーツ、料理などはどれも10%に満たず少ない。前者の分野では、専門的な内容や技術的な知識が外来語では伝わりにくい危惧を持つ様子が、また後者の分野では、洗練されたイメージや新鮮な雰囲気には外来語が似合うという意識が、それぞれ感じられる。

このほかの事前調査として、国の行政白書や地方自治体の広報誌など公共性の高い文書や新聞などに現れた外来語405語について、①認知率、②理解率、③使用率という三つの数値を得る調査も行われた（回答者は調査により2,000人〜3,000人）。①認知率は、その語を見たり聞いたりしたことが

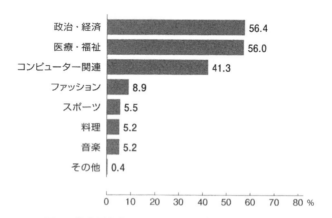

図1　外来語を分かりやすく言い換えてほしい分野
(国立国語研究所「外来語」委員会編(2006)、p.16から抜粋)

ある回答者の比率、②理解率は、その語の意味を知っている・理解できる比率、③使用率は、自分自身でもその語を話したり書いたりして使う比率である。例えば、認知率が高いのに理解率は低いという外来語は、日頃よく見聞きするが意味は理解できないという問題を抱えやすい語だということになる。

具体的な外来語の言い換えを提案する際には、それぞれの語の理解率を参考情報として示している。これは、意味を理解できない聞き手や読み手が多いかどうかが、その外来語を用いる際に留意すべき重要なことがらだという考えによるものと言える。

2. 具体的な外来語についての提案

上記のような事前の調査を踏まえて、「外来語言い換え提案―分かりにくい外来語を分かりやすくするための言葉遣いの工夫―」という提案が行われた。2003（平成 15）年から 2006（平成 18）年にかけて 4 度、毎回約 30 語〜 60 語ずつ合計 176 語の具体的な外来語についての工夫が提案された。

「言い換え」という言葉からは、一つの外来語を一つの別の言い方に言い換える提案だけが想像されるが、ここで行われた「工夫」にはそれだけでなく別の工夫も含まれている。一例を挙げれば、外来語「グローバル」への提案は次のように示された。（国立国語研究所「外来語」委員会編（2006）pp.72–73 から抜粋）

グローバル　　　　　　　　　理解度　　全体　★★☆☆
　　　　　　　　　　　　　　　　　　60 歳以上　★☆☆☆
【言い換え語】　地球規模
【用例】　　　　　　　　　　　　　　　　地球規模
　湖沼会議は参加者、中でも一般の住民にとって、グローバルな環境問題についてきちんと認識できる格好の機会となる。
【意味説明】

> ものごとの規模が国家の枠組みを越え、地球全体に拡大している様子
> 【手引き】（抜粋）
> ◎地球全体に広がっている様子に着眼する場合は「地球規模」と言い換えられるが、地球全体が一つである様子に着眼すれば「全地球的」「全球的」とも言い換えられる。「全球的」は中国語で訳語として用いられている。
> ◎「グローバルな」には【用例】に見るように「地球規模の」を当てるとよい。「グローバルに」は「地球規模で」と言い換えられる。
> ◎類義の語に「ワールドワイド」があり「世界規模」と言い換えられる。
> 【その他の言い換え語例】　全地球的　　全球的

　見出し語の右には、前述の理解率を段階化した「理解度」で示している。この語の場合、回答者全体では4人に2人（★二つ）が理解する一方、60歳以上では1人（★一つ）に止まることが分かる。提案する言い換え語「地球規模」と実例を示した下に、【意味説明】、【手引き】、【その他の言い換え語例】などが並ぶ。【手引き】には、当の外来語の留意点や言い換えをする際に注意すべきことがらを多面的に記している。言い換え語もただ一つだけでなく【その他の言い換え語例】も積極的に示している。

　提案には、個々の外来語についての工夫に共通する、基本的な留意点や姿勢を箇条にまとめて示してもいる。以下の6項目である。

①語による理解度の違いに配慮を
②世代による理解度の違いに配慮を
③言い換え語は外来語の原語に対するものではないことに注意を
④場面や文脈により言い換え語を使い分ける工夫を
⑤専門的な概念を伝える場合は説明を付け加える配慮を
⑥現代社会にとって大切な概念の定着に役立つ工夫を

　付言すれば、外来語を分かりやすくするこうした提案に対して一般市民が

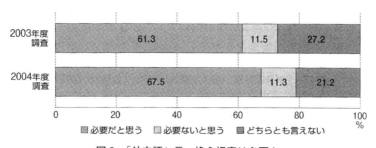

図 2 「外来語」言い換え提案は必要か
(国立国語研究所「外来語」委員会編(2006)p.247)

どう評価したかについての調査もあって、図 2 のように、全体としては約 6 割から肯定的な回答を得ている(国立国語研究所「外来語」委員会編(2006)pp.247–249)。

「外来語の氾濫」と言われることもある言語問題に対して、言い換えも含めて分かりやすくする工夫を提案したこの研究は、社会の抱える言語問題に具体的な解決の道筋を示す姿勢を持つものであり、この姿勢を持つ社会言語学の一つの流れの中に確かに位置付くものと言える。

(杉戸清樹)

参考文献
国立国語研究所「外来語」委員会編(2006)『分かりやすく伝える外来語言い換え手引き』ぎょうせい
国立国語研究所(2007)『公共媒体の外来語―外来語言い換え提案を支える調査研究』国立国語研究所報告 126

3. 「病院の言葉」を分かりやすくする工夫の提案

　ここでは、前節で紹介した「分かりにくい外来語」への対応と同様の枠組みで、医療現場での言語問題に向き合った研究事例を紹介する。

　この言語問題は、医師・看護師・薬剤師たち（以下では「医療者」）が一般の患者やその家族に向けて用いる言葉の中に、専門用語など分かりにくいものがあって意思疎通が妨げられることがある、というものである。

　この問題を解きほぐしていく手順として選ばれたのは、①まずは患者や家族がどんな分かりにくさを感じていて、どんな誤解や間違いをしがちであるのかを把握し、②それをもとに具体的な言葉の抱えた問題の姿や類型を示した上で、③それらを紛れなく分かりやすくするための言葉や説明の工夫を一つ一つ具体的に医療者に向けて提案するというものである。

　医療現場では医療者たちが互いに専門用語を駆使して医療や看護に当たっている。これは専門家同士の医療の言葉であるが、上記の研究で対象とされたのはこれとは異なり、医療者たちが患者や家族を相手にして用いる言葉、つまり医療の専門家が非専門家に向けて用いる言葉を「病院の言葉」と呼んで注目したものであった。

　この提案を行ったのは、外来語への対応を提案したのと同様に、国立国語研究所が主宰した国立国語研究所「病院の言葉」委員会である。委員として、現役の医師・看護師・薬剤師、その団体（日本医師会・日本看護協会・日本薬剤師会）の関係者、医療福祉関連 NPO やマスコミの関係者、言語研究者などの参加を得た。この委員会では、病院の言葉についての意識調査を医療者側と患者・家族側の双方に行ったり、問題になりがちな具体的な用語についての検討を行ったりして、そのまとめとして『病院の言葉を分かりやすく　工夫の提案』（同委員会編著 2009、勁草書房）を公表した。

1. 病院の言葉についての各種調査　理解度調査など

　このように「病院の言葉」を検討の対象にすることになった理由の一つは、前節に紹介した「分かりにくい外来語」についての意識調査で「分かりやすく言い換えて欲しい外来語がある」という回答が過半の56%と多かった分野の一つが医療・福祉の分野だったことにある（p.48　図1参照）。これは外来語についての意見だが、「病院の言葉」には外来語に限らず分かりにくい言葉があるという意識を受け止めることは必要かつ的確だったと思われる。

　提案する対応策の基盤とするデータを求めて、外来語の場合と同様に、いくつかの調査が行われた。このうち医療者を対象にしては、「患者たちに言葉がきちんと伝わらなかった経験」や「患者が知らないのに医療者が使ってしまいやすいと思う言葉」などを具体的に尋ねる調査が行われた。

　そうした調査から、医療者の側から患者との間で意思疎通に問題になりそうだと多く指摘された100の用語を選び、今度は、患者や家族を対象にして、それらの用語を①見たり聞いたりしたことがあるか(認知率)、②その用語の正しい意味を理解しているか(理解率)についての調査が行われた。これも外来語の場合と同様で、①認知率が高いのに②理解率は低い、という場合には、その用語によって的確・正確なコミュニケーションが損なわれることを心配してかかる必要がある。表1は、認知率が高くても理解率が低く、その二つの差が大きかった語例を抜粋したものである。

表1　認知率が高く、かつ理解率との差が大きい語の例(抜粋)

用語	認知率	理解率	差
ショック	94.4%	43.4%	51.0
ステロイド	93.8%	44.1%	49.7
膠原病	82.1%	39.3%	42.8
頓服	82.6%	46.9%	35.7

(国立国語研究所「病院の言葉」委員会編著(2009)　p.XiX　表2から)

54　第 1 部　言語問題の発見と対応

　また、患者や家族が用語の意味を正しく理解していない場合、どんなふう
に誤解しているかについても具体的に尋ねる質問をして、例えば次のような
事例が集められた(同書　p.XXi　表 3 から)。

「貧血」：誤解例「急に立ち上がったときに立ちくらみを起こしたり、長時
　　　　　間立っていたときにめまいがしたりすること」(誤解率 67.6%)
「ショック」：誤解例「急な刺激を受けること」(誤解率 46.5%)
「ショック」：誤解例「びっくりすること」(誤解率 28.8%)
「化学療法」：誤解例「科学的な療法と思った」(誤解率 18.9%)

2.　問題の類型とそれぞれへの対応の提案

　こうした調査を通じて、「病院の言葉」の問題点には大きく分けて三つの
タイプがあることやそれぞれに即した対応策の求められることが、図 2 の
ように整理された(同書　p.XXiV の図を引用)。
　認知率の低い語が、図の中では「伝わらない原因」の①に位置付けられて
「日常語で言い換える」という工夫が提案される。認知率はあるものの理解
率が低いか誤解の多い語は原因②に位置付けられて、(1)正しい意味を伝え
る、(2)一歩踏み込んだ説明を加える、(3)別の語との混同を避ける説明を
するという、その語の理解・誤解の状況に即した工夫が提案される。
　伝わらない原因の「③患者に心理的負担がある」とされたのは、例えば
「腫瘍」である。一般の患者が突然言われた場合深刻な病状だと一方的に受
け取る危惧があるため、例えば「腫瘍には良性と悪性の二つがあること」の
説明から始めるなど、心理的負担を減らす表現の工夫が提案される。
　工夫の類型 C「重要で新しい概念を普及させる」には、例えば MRI や
PET などの新しい検査機器の名称などが該当する。一般に聞き慣れない語
であり詳しい知識は期待しにくいが、これから身近な検査方法として普及す
るためにそうした用語も理解してもらうような説明の工夫が提案されてい
る。

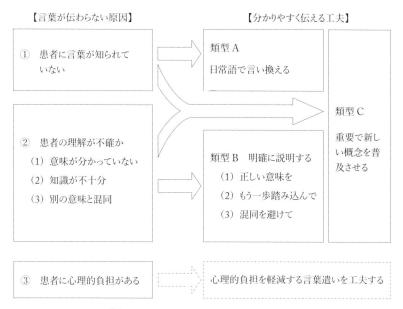

図 2 「病院の言葉」を分かりやすくする工夫の類型
(国立国語研究所「病院の言葉」委員会編著(2009)p.XXiV から)

　提案の本体としては、問題の内容やそれへの対応を類型に整理した上で、その類型の枠組みに当てはまる具体的な用語を 57 語取り上げて、それぞれに詳しい解説や情報を記述して「分かりやすくする工夫の提案」をした。
　一例として、図 B では類型 B-(3)「別の意味との混同を避けて」に属するとされた「ショック」という語についての提案を見ると、まず簡潔な説明から詳しい説明まで 3 段階の説明案が例示される。この説明案は、「工夫」の基本的な情報として、他の用語にも共通して示される(同書 pp.162–163)。

　　【まずこれだけは】血圧が下がり、生命の危険がある状態
　　【少し詳しく】血液の循環がうまくいかず、細胞に酸素が行きにくくなった状態です。生命の危険があるので、緊急に治療が必要です。
　　【時間をかけてじっくりと】血液の循環がうまくいかなくなって、脳や臓器などが酸素不足に陥り、生命に関わる大変に危険な状態です(後略)。

さらに、この語の問題の類型に即して、【こんな誤解がある】という観点からの詳しい解説や対応の工夫が次のように記述される（抜粋）。

　　日常語「ショック」は、単にびっくりした状態、急に衝撃を受けた状態をいう意味で、患者やその家族は「ショック」「ショック状態」と聞いても、この日常語の意味で受け取ってしまいがちである。（中略）したがって「ショック」「ショック状態」という言葉を使うだけで済ませてはならず、重大さや危険性の伝わる言葉を言い添えることが必要である。

　ここで紹介した「病院の言葉」の問題は、言語問題の性格から、専門領域のものごとを専門家と非専門家の間で伝え合う際にしばしば起きる意思疎通の困難さという問題だと言える。医療に限らず、情報、技術、経済、法律など社会生活を支える多くの分野でますます専門化が深まる今日、この種の言語問題が増えることが予想される。「病院の言葉」への提案は、そうした種類の言語問題に向き合う研究の流れのうち早い段階に位置付けられる。

（杉戸清樹）

参考文献
国立国語研究所「病院の言葉」委員会編著（2009）『病院の言葉を分かりやすく―工夫
　　の提案』勁草書房

第1章　言語問題キーワード集　57

4.　言語問題への対応の広がり

【1】概要

　前節までには、社会の中の言語問題に向き合って、それへの対応策を具体的に提案する姿勢の研究を3つ紹介した。(1)日本語を母語としない住民への災害時の情報伝達のための「やさしい日本語」の提案、(2)分かりにくい外来語を言い換えも含めて分かりやすくする工夫の提案、(3)医療の現場で患者や家族に向けて使われる言葉を分かりやすくする工夫の提案の3つである。

　これらに共通するのは、生活の中にある困難や課題を抱えた言語状況を発掘し、その困難や課題の内容を調査によって把握し、困難や課題を軽減したり改善したりするための言語的な対応策を調査データに基づきながら具体的に提案する、という研究の枠組みや姿勢であった。

　これらは1990年代に動き始めた調査研究であり、社会言語学の流れの中では相対的に新しい流れである。その後2000年代以降、この流れは、それにつながった別の領域への流れとして広がりを見せている。

　ここでは、本章のまとめに代えて、こうした新しい流れをたどり、言語問題への対応を具体的に提示する姿勢を持った研究や事業の新しい事例を3つ紹介する。

　紹介するのは、1. NHK（日本放送協会）のやさしい日本語によるニュース「News Web Easy」の発信・提供、2. 災害時に限らない日常生活の中で日本語母語話者と非母語話者のコミュニケーションを支えることを目標にして、公的文書などでやさしい日本語を用いることを提案する研究事業（一橋大学等の研究者によるもの）、3. 裁判員として裁判に参加する一般市民のために法廷用語を日常語化して分かりやすくする工夫を提示する事業（日本弁護士連合会プロジェクトチームによるもの）の3つである。

紹介できるのは限られた範囲の事例であり、またそれぞれの概要だけに止まるが、これらの内容を知ることで、こうしたタイプの研究や事業の、ひいては社会言語学全般の、この先の流れの方向や広がりを考えていくための手がかりを得ていきたい。

（杉戸清樹）

【2】 News Web Easy

　News Web Easy は、NHK が 2012 年から行っている web ニュースのサービスである（http://www3.nhk.or.jp/news/easy/index.html）。通常のニュースとして放送されたニュースについて、1 日 5 本（平日のみ）のニュースを選定し、すべての漢字にルビを付け、難しいことばには辞書の説明（マウスでポインタすることばの説明がポップアップ表示される）を付けて提供している。日本語を母語としない外国人だけでなく、日本語を母語とする小学生や中学生をも対象として、分かりやすいことばでニュースを伝えることを目的としている。

〈やさしい日本語によるニュース〉
地図などで使うマークの 7 つを変える
国は、地図などで大勢の人が利用する場所を表す マークのうち 7 つを新しいマークに変えることにしました。外国人にわかりやすくするためです。

「駐車場」のマークは、今はアルファベットの P だけですが、新しいマークは隣に車の絵を足します。

「乳幼児用設備」は、赤ちゃんの世話などができる場所のため、大人が赤ちゃんの世話をする絵とミルクの瓶の絵に変えます。

「温泉」は、外国でも使っているマークで 3 人がお湯に入っている絵に変えます。しかし、今使っているマークも日本人にわかりやすいため残して、両方使うことにしました。

2017 年 2 月 1 日のニュースより
※下線の語をポインタすると辞書の内容が表示される

過去 1 か月分のニュース記事が閲覧でき、一部のニュースは映像を閲覧することもできる。通常のニュース文と、やさしい日本語で読み上げた音声データも提供されているため、読解や聴解といった日本語教育の教材として利用することも可能である。

また、台風、竜巻・雷、大雪、大雨、地震、津波といった災害時の行動や備えについてのページも備えており、緊急時向けの情報提供も行っている。

〈地震のとき気をつけること〉

【家にいるときに地震が起こったら】

家にいるときに地震が起こったら、テーブルの下などに入って、揺れが止まるまで待ちましょう。上から物が落ちたり、本棚などの家具が倒れたりして危ないからです。

料理しているときやストーブを使っているときは、揺れが止まってから火を消してください。揺れているときに火を消そうとすると、やけどをする危険があります。

NHK では、web 上のサービスだけでなく、テレビ放送でもやさしい日本語の活用が進んでいる。2016 年 11 月 22 日に福島県沖で発生した最大震度 5 弱の地震では、2011 年の東日本大震災以来初となった津波警報が発令された。その際、テレビ画面上に表示された注意喚起・避難誘導のテロップは、漢字表記の「すぐ避難を!」だけでなく、「すぐにげて!」や「つなみ! にげて!」といった平仮名表記も併用した。外国人向けに「TSU-NAMI」と表記したり、サブチャンネルとラジオ第 2 放送で英語放送があることも呼びかけ、子どもや外国人向けに分かりやすい情報提供であることが一般にも話題となった。様々なメディアでやさしい日本語が取り入れられることにより、日本語母語話者の間にも、やさしい日本語に対する関心が高まっていくことが期待される。

(阿部貴人)

【3】 公的文書における〈やさしい日本語〉

　「やさしい日本語」という用語は、1995年の阪神淡路大震災をきっかけに、弘前大学人文学部社会言語学研究室が先行して提唱してきたものである。本節で紹介する公的文書における〈やさしい日本語〉は、それよりもずっと後発で、公刊されたものとしては、庵(2009)が最初である。その後、平成22～25年度科学研究費補助金(基盤研究(A))「やさしい日本語を用いたユニバーサルコミュニケーション社会実現のための総合的研究(研究代表者：庵功雄)」及び、平成25～28年度科学研究費補助金(基盤研究(A))「やさしい日本語を用いた言語的少数者に対する言語保障の枠組み策定のための総合的研究(研究代表者：庵功雄)」という二つの科学研究費補助金による研究プロジェクトを基に展開された。

　弘前大学人文学部社会言語科学研究室による「やさしい日本語」が、「災害発生時の情報伝達に使うことばを、外国人にもわかりやすく、また情報を提供する日本人にも使いやすいように、簡潔な日本語にすること」を目標としているのに対し、庵らの展開する〈やさしい日本語〉では、災害時ではなく平常時における日本語母語話者と非母語話者のコミュニケーションを対象としている。とりわけ、「日本語母語話者と非母語話者の歩み寄り」を目指している。庵(2013: 7)ではこの理念を次のように図示している。

これからの地域社会における〈やさしい日本語〉

　　日本語母語話者(受け入れ側の日本人)

　　　　↓コード(文法、語彙)の制限、日本語から日本語への翻訳

　　やさしい日本語(地域社会における共通言語)

　　　　↑ミニマムの文法(Step1、2)と語彙の習得

　　日本語ゼロビギナー(生活者としての外国人)

　上記の達成を目指して、日本語母語話者に対しては、〈やさしい日本語〉を書くにはどのようにすればよいかについて、特に公的文書(市役所など公

的機関による配布物やホームページ)を対象に研究を進めている。公開方法の一つとして〈やさしい日本語〉を使えるように横浜市や豊橋市など自治体と協働して具体的な作業を進めている。その際、〈やさしい日本語〉での文書作成を支援する各種ツールも自然言語処理の研究成果を基に作成している。

そして、日本語非母語話者(特に生活者としての日本語ゼロビギナー)に対しては、『にほんごこれだけ!』という2冊の教材を開発し、試作版作成の2009年から2017年現在まで9年に渡り、著者らによる全国で200回を超える講演をおこない、地域日本語ボランティア教室への普及に努めている。

野田(2014: 4)では、「「やさしい日本語」は基本的に、非母語話者が母語話者に対して使う日本語の問題ではなく、母語話者が非母語話者に対して使う日本語の問題」であろうと主張している。これに対し、本節で紹介している〈やさしい日本語〉は日本語非母語話者に対する教材開発を一つの柱としているため、〈やさしい日本語〉を日本語教育の問題として扱っているという印象が強いかもしれない。しかし、地域の日本語ボランティア教室における「おしゃべり活動」は何も日本語非母語話者のためだけのものではなく、ボランティア側の日本語母語話者に対する啓蒙でもある。この〈やさしい日本語〉の理念は、先にも述べたとおり「日本語母語話者と非母語話者の歩み寄り」である。

公的文書における〈やさしい日本語〉の基本理念と特徴
1. 災害時の情報伝達ではなく、平常時の公的文書を対象とする
2. 各自治体との協働で、全市民に〈やさしい日本語〉を提供する
3. 教材の開発と啓蒙を通して、地域社会における共通言語としての〈やさしい日本語〉の普及に努める

(森篤嗣)

参考文献

庵功雄（2009）「地域日本語教育と日本語教育文法—「やさしい日本語」という観点から」『人文・自然研究』3，pp.126–141．一橋大学

庵功雄（2013）「「やさしい日本語」とは何か」庵功雄，イ・ヨンスク，森篤嗣『「やさしい日本語」は何を目指すか—多文化共生社会を実現するために』ココ出版，pp.3–13

岩田一成，森篤嗣（編）（2010，2011）『にほんごこれだけ！1・2』ココ出版

野田尚史（2014）「「やさしい日本語」から「ユニバーサルな日本語コミュニケーション」へ—母語話者が日本語を使うときの問題として」『日本語教育』158，pp.4–18．日本語教育学会

【4】 裁判員のために法廷用語をやさしく

　一般市民が裁判所から裁判員に選任されて刑事裁判に参加する「裁判員制度」が、2004年5月に法制化された。この制度のことが一般市民に伝わると「法廷で使われる用語にはなじみの薄い専門的なものがあって素人にはむずかしそうだ」という不安の声がマスコミなどに多く寄せられた。

　この声を受け止めて、日本弁護士連合会は裁判員制度実施本部に「法廷用語の日常語化に関するプロジェクトチーム」を設け、2004年以降検討や活動に着手した。このチームには弁護士に加えて、法学、法言語学、日本語学、社会心理学、マスコミなどの分野からの委員が参加した。法律の知識や裁判の経験のない一般の裁判員にも分かりやすい日常の言葉で話して法廷を分かりやすい場にすること、それが法律家の役目であるという基本的な考えに基づいて、各種の調査や具体的な法廷用語についての検討を続けた。

　その成果は、まず弁護士や裁判官など専門家向けの報告書『裁判員時代の法廷用語―法廷用語の日常語化に関するPT最終報告書』(2008年、三省堂、以下『報告書』と略称)にまとめられ、さらにその内容は専門家でない一般市民向けの解説書『やさしく読み解く裁判員のための法廷用語ハンドブック』(2008年、三省堂、以下『ハンドブック』と略称)として公刊された。

　検討の過程では、質問紙や面接による調査が行われた。例えば、法廷で多

表1　接触度と既知感(5段階)

	接触度	既知感
正当防衛	100.0	4.07
黙秘権	100.0	4.02
責任能力	100.0	3.91
(中略)		
員面調書	8.7	2.00
付和随行	6.5	1.67

(『報告書』p.126 表1、p.127 表2 から)

用される 50 の用語について一般の人の「なじみ度」を知るため、語ごとに「聞いたことがあるか」(接触度)、「どの程度知っている感じがするか」(既知感) を尋ねた。その結果が表 1 である。接触度・既知感ともに高い「正当防衛」などもある一方、両方の数値とも低い「員面調書」(警察官が事件について容疑者を取り調べたり被害者などから事情を聞いたりして、その内容を書き記したもの) などが少なくないことが分かった。後者のような用語についてはもちろん、前者の用語についても、裁判員となる一般市民に対して用語の意味や使われ方を分かりやすく説明するのが必要であることを示すデータとして活用された。

　一般向けの『ハンドブック』では、親しみやすいデザインのページの中に、個々の用語 61 語について【やさしく読み解く】という用語の意味説明や【こんな場面で】という使用場面の例がイラストも添えて示される。例えば「情状・情状酌量」のページは図 2 のようであり、これに続いて【もっ

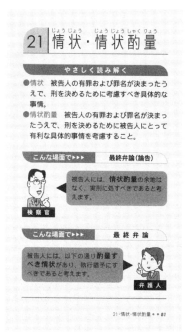

図 2　『ハンドブック』(p.81)の解説例

と詳しく】という解説が「情状とは」「情状の検討」「情状酌量による刑の減軽」などについて、分かりやすい用語や文章で示されている。

　また、専門の法律家向けの『報告書』には、法律用語を一般の裁判員に説明したり法廷で用いたりする際の留意事項が示されていて、このプロジェクトの目的や姿勢が如実に現れている。

　この研究事業は、前に見た医療用語の場合と同じく、専門家と非専門家との間の言語的な隔たりを埋めて両者の意思疎通を円滑にするための工夫や努力を具体的に提示するタイプのものとして注目できる。

（杉戸清樹）

参考文献

日本弁護士連合会裁判員制度実施本部法廷用語の日常語化に関するプロジェクトチーム編(2008)『裁判員時代の法廷用語―法廷用語の日常語化に関するPT最終報告書』三省堂

日本弁護士連合会裁判員制度実施本部法廷用語の日常語化に関するプロジェクトチーム編(2008)『やさしく読み解く裁判員のための法廷用語ハンドブック』三省堂

第2章
「社会」を識別指標にする言語学
「やさしい日本語」と鶴岡調査のウェルフェアを考える

佐藤和之

1. 社会言語学とウェルフェア

　社会言語学 (sociolinguistics) とウェルフェア (welfare) を重ねて論じるときがある。社会言語学に興味のある比較的若い研究者や異分野の研究者たちはそのことに違和感をもつことがあるらしい。ウェルフェアという外来語に馴染みがないことと、辞書的な解釈だと福祉という日本語になるからのようだ。福祉には、社会的に弱く経済的に貧しい者を援助するという意味に特化する傾向があり、弱者救済のための言語学と狭義に理解するかららしい。

　そんな日本語の、福祉という語が担ったステレオタイプ的な意味を回避するカタカナの使い方であり、また、ウェルフェア・エコノミクス (welfare economics) のように、カタカナ語にしたウェルフェアを冠することで、welfare の意味を内包する言語学、すなわち従来の言語学に幅を持たせるようにしたのがはじまりである。少し詳しくいうと、両者を重ねて論じるようになったのは 1980 年代後半で、徳川宗賢氏に遡る。同氏はウェルフェア・リングイスティクスという研究領域を提唱し、社会言語学ワークショップと称した研究会を 1987 年から開催する。後の社会言語学研究会、1998 年からの社会言語科学会である。

　ウェルフェア・リングイスティクスについてネウストプニー (J. V. Neustupný) 氏は「福祉という言葉を使っていらっしゃいますが、これはどういうことをお考えでしょうか」と徳川氏に尋ね、また「徳川先生の考え方では welfare、つまり福祉という言葉が使われているから、弱者を対象にしている点に特色があるのではありませんか」と問いかけている[1]。

　そこでの説明から、徳川氏自身は社会言語学をウェルフェアと定義したわ

けでなく、研究領域としてのウェルフェア・リングイスティクスの提唱と、そういう研究も扱える研究会として社会言語学研究会を設立したが、その過程で混淆が生じ、社会言語学とウェルフェアが重ねて論じられるようになったと筆者は理解している。

そこで本章では、社会言語学とウェルフェアはどう関係づけられるのかを再論することにした。

さて、上述ネウストプニー氏の問いに徳川氏は「言語研究が楽しい、真理の追求をしていればいいと言ってばかりいずに、それも大切ですが、社会に貢献することも考えるべきではないか」と答える。社会言語学であることの識別指標（メルクマル）となる一文である。「社会」を識別指標にする社会言語学での研究や調査は、言語の普遍規則を得るためにあえて社会や人間を情報に加えない一般言語学の手法と立場を異にする。

他方で社会言語学は、社会的指標を使った言語調査あるいはサンプリングによって選ばれた被調査者を質問紙によって大量調査し、その結果を統計学的に分析することで社会の考えを知る研究とも思われがちである。しかしそれは調査の一過程にすぎない。識別指標の「社会」が担う意味は、社会学が求めた「人の幸せに資する解決」法を目指すところにある。ここで徳川氏の考える「社会に貢献する」と重なる。

つまり社会学が求めた「人の幸せに資する解決」法というのは、こういうことである。社会学での社会調査は 19 世紀後半の英国での貧困研究に始まり、日本での『日本の下層社会』（横山源之助、1899 年）や『明治東京下層生活誌』（中川清編、1994 年）所収の生活記録と動機が近似する。この、英国に成立する国民として最低限度の生活を保証する思想がウェルフェアである。welcome がそうであるように、welfare は well（うまく）と fare（やっていく／暮らす）の複合語であり、人間を対象として皆が「うまく暮らす」ようにすることであった。国民皆がうまく暮らす、暮らせる集合体が「社会」である。派生して言うと、この welfare を約束した国家が welfare state（福祉国家）である。

時を経るに従い、welfare は "relief of the poor"（貧困層の救済）の意味だけ

が強調されるようになる。近年ではそのことを避け、英国は "social care"、米国は "social service" という言い方で「誰もが平等に社会に参加できるようにする仕組み」を表すのが自然となっている。日本語が「福祉」の特化した意味を避けてノーマライゼーションと呼びはじめたことと一致する。

2.　ウェルフェアは言語研究にどう機能するか

　それではこのウェルフェアは、言語研究にどう機能しているのか。前段までのウェルフェアが担った意味を理解するなら、ウェルフェア・リングイスティクスは言語的な問題で社会が困っていることや、困っている人、また言語の何に困っているかのような課題の発見に始まり、それらの解決法や少なくとも解決の糸口を課題解決型の研究として成立させることにある。F. de Saussure (1857–1913) 以来、言語学は言語を社会から切り離し記号としての普遍規則を追求してきた。他方、社会言語学は言語の使い手である人間を対象にする。人間は社会の反映であり、言語は人間の秩序を保ち社会を維持するからであり、人間関係や社会を表出する言語を研究できる術として成立させるためである。

　ここに至って社会言語学と方言学の違いは明瞭になる。1980、90 年代の地域社会のことばは、方言研究の調査法に倣い、分析法に沿って研究されていた。方言の研究は特定地域のことばの状況を説明したり、方言との比較によって標準語や共通語の成立、有り様を説明する分野だった。しかし方言の研究が方言の学へと成熟するにつれ、それがたとえばラテン系言語のイタリア語研究、ゲルマン系言語のドイツ語研究であったりするように、日本語の津軽地域語や鹿児島地域語、あるいは首里地域語研究となり、一般言語学的手法による、いわゆる国語学の研究へと回帰していった。一時期、方言学が包括した地域社会の言語動態や使い手である方言話者の言語意識、言語行動といった人間や社会と共に考える言語研究は方言学から分化し、社会言語学として棲み分けるようになった。

　社会に存在するありとあらゆる事象はことばという表出形によって具現化

70 第1部 言語問題の発見と対応

する。私たちは、社会を表出させる個人の言語表現を通じて社会の有り様を理解し、そこで知り得た言語的課題を研究、解決し、ウェルフェアとして社会へ提供する。社会言語学の問題意識は常に「困っていることは何か」にあり、ウェルフェアは社会が求める課題の解決として対象化される。

3. 社会言語学的研究の萌芽

ところでウェルフェアの機能を取り込んだ日本での言語研究の萌芽はいつ頃にあったのか。このことは戦後日本の民主主義教育に付随する共通語普及と大きく関わる。1948年設置の国立国語研究所が、設置翌年に行った福島県白河市での言語生活の実態調査や1950年の山形県鶴岡市での調査の実施目的[2]がそれである。

本書のテーマでもある通称鶴岡調査は、その後1971年、1991年、2011年と、ほぼ20年間隔で調査が行われている。『地域社会の言語生活』(1974)[3] および『鶴岡方言の記述的研究』(1994)[4] に、「地域社会の生活において、共通語がどれほど、またどのように行われているか」や「国民が地域社会において、どんな言語を、どのように使って生活しているかの実態を明らかにする」「方言が共通語化していく過程について、その実態や社会的な要因を明らかにしようとする」ことを調査目的として記す。また報告されている内容から4種の意義を見いだすことができる。

1) 共通語化の問題をどのように進めるべきかの方策立案に資する
2) （調査の結果を利用して）国民の言語生活の改善と向上を図る
3) 鶴岡調査での方法論は大都市における言語生活の調査に資する
4) 社会の変化に応じた国語の変化を示す

戦前からの方言は民俗学の一部として扱われた。民話や民間伝承、民具、習俗等での呼称を整理するラベリングとして集められ、やがて民俗語彙や習俗語彙として完成する。このような民俗学のためだった方言を、鶴岡調査は言

語のための言語研究者たちによる方言「学」として独立させ成熟させた。言語を対象にした時系列調査や言語変容を説明する研究手法として学界への大きな貢献をもたらした。言語学的な社会調査を実施する倫理原則が「その社会で生活する人たちの幸福に資するためのもの」と考えるとき、鶴岡調査には大きな二つのウェルフェアがあったと考える

　一つは戦後日本人の言語生活の向上と改善を図る、言い替えれば共通語普及のための言語計画への貢献を目的にしたということである。もう一つは学界への貢献であるが、こちらは副次的かもしれない。Evidence Based Practice（根拠に基づく実践）という考えがある。鶴岡調査はその典型であるが、国語研究所と統計数理研究所の共同研究は戦後日本に言語研究を科学にする方法を示してみせた。主観に頼らない調査法や分析の方法を言語研究者たちに示したのである。

4.　言語権を考える　公共の福祉から平等の保証へ

　それでは社会言語学的な研究をしようとすると、私たちは鶴岡調査での国民の言語生活の向上や改善に資するといったようなウェルフェアを目標に掲げなければならないか。このことについて次のように考えるのはどうだろう。すなわち、それが言語であっても、他を被調査者にする研究は、社会の反映である他からの期待や求めに応えることを意識し、そのことで公共の幸福に関与する研究姿勢を自覚するのである。社会を対象にする調査の背景には、いつも「その社会で生活する人たちの幸福に資するため」という倫理原則が添えられていて、誰の何に資する研究かが問われている。

　他は何に困り、社会の水準に照らしてそれはどの程度低いのかを知る。社会が困っていることへの根拠（evidence）に基づいた解決法やその解決の糸口を示す。このことで困っている他が社会での言語生活を円滑に営めるようになることを意図した研究計画が立案できるようになる。社会言語学の研究は、公共の幸福（welfare）を意識して行われることが望ましい。ここに至って社会言語学では、社会水準に比してそれを満たせていない他が抱く言語的困

72　第 1 部　言語問題の発見と対応

りごとへの解決の術を研究することも目的になる理由付けができた。公共の
幸福への寄与を目的として、根拠に基づいた平等の保証という姿勢を研究の
背景に置く思想が見えてくる。そこで以下では平等の保証について考えた
い。2012 年秋の社会言語科学会⁽⁵⁾で話題にした被災外国人のための「やさ
しい日本語」研究を例に、同学会での発表内容を補いながら論じる。

4.1　困っているのは誰か

　神戸市は自他共に認める国際都市であり、阪神・淡路大震災（以下阪神大
震災）が起きた 1995 年当時も外国人への情報は英語で賄えると言われてい
た。ところが実際に災害が起きてみると、外国人たちはほとんどの情報から
途絶され、とくに困っていた外国人は英語にも不慣れだった。後になって外
国人地震情報センターへの問い合わせがあった言語を調べてみたところ、英
語での相談件数は 19％で、81％は英語以外の言語で相談してきている。
　以下は阪神大震災の翌日にネットに流された支援依頼文の一部である。

　　Date: Wed, 18 Jan 1995 18:46:00 +0900
　　Subject: Earthquake help
　　Netters: Help is needed in KOSHIEN（Hanshin line）, Nishinomiya-shi.
　　　　　　Anyone who can speak Spanish/Portuguese could help there. There
　　　　　　are many people from Bolivia, Peru and Brazil living in that area of
　　　　　　Nishinomiya-shi.

日本の国際化は英語を前提としてきたため、現実に国内で生活する外国人た
ちのことばとの差が如実に表われた。情報からも隔絶された外国人は幾重に
も被災することになった。これが、災害下での外国人対応の遅れや外国語で
の情報の少なさが大きな社会問題になった発端である⁽⁶⁾。
　ここでの「困っている人」は外国人であるが、実際には被災外国人以外に
も多数いた。被災外国人を支援する人たちである。具体的には、都道府県庁
や市町村役場の国際課や防災課の外国人担当職員、国際交流協会の職員、外

国人対応のボランティア団体職員、救急医療に携わる消防・救急隊員や医療関係者などである。

　調査ではこんな課題も見えてきた。外国人にはそれぞれの母語で情報を伝えるとして、テレビやラジオからの地震情報をいま放送している日本人アナウンサーに読ませることはできない。それがたとえ英語であっても、リアルタイムな生活情報をラジオやテレビで日本語と同じに伝え続けることは非現実的である。多言語で放送しようとするには、さらなる困難を伴う。防災無線担当者にそれら言語での案内を要求することも同じであるし、繁多を極めさまざまなことが錯綜する避難所での情報伝達を考えただけでも納得がいく。

4.2　何に困っているのか。どう困っているのか

　阪神大震災の後に、2004 年の新潟県中越地震（以下中越地震）や 2011 年の東日本大震災、2016 年の熊本地震を経験するが、いずれにも共通し、そして改善できない状況が 3 点あった。1 点目は、大規模地震が起こった後の行政は 72 時間のあいだ、被災者への十分な支援活動ができない状態になること。2 点目は同じ 72 時間のあいだに外国人対応のボランティアは被災地に入れないこと、そして 3 点目は、1 点目と 2 点目の結果からだが、それが英語であってすら、ましてさまざまな外国語による情報は、少なくとも 72 時間は伝えられない状況にあるということだった。2017 年の今も、地震直後に地震の発生を伝えたり避難を促したりする情報は、ラジオもテレビも、避難所に貼り出されるリアルタイムでの掲示物も日本語だけである。外国人の多くは避難のための情報や避難所での生活、たとえば食事の配給時間や毛布の支給といった最低限の情報さえ入手困難で、通訳ボランティアが立ち上がるまで彼らはさまざまな情報から隔絶されてしまう。

　このような状況への言語研究者たちの判断は、英語も含め多言語での情報提供は不可能ということであった。東日本大震災のときの被災地に住んでいた外国人の国籍は 160 カ国以上（災害救助法適用市町村を有する県の外国人登録者）[7] で、それぞれの被災市町村が日本人と同じ避難や復旧や生活に関

わるさまざまな情報を、多言語では伝えられなかったし、英語でさえ、被災者の求める情報を翻訳して流すまでには時間がかかったのは言うまでもない。

4.3　解決の糸口をみつける

　このことへの対策として言語研究者たちが出した結論は、被災した外国人に、彼らが理解できる程度の日本語を使って情報を伝えることはできないか、というものだった。彼らは日本に住んでいて、店で買い物をしたり、バスに乗ったり、ときにはタクシーも使う。電話で待ち合わせの約束を日本語でしたりもする。私たちが救おうとしているのは、その程度の日本語を使う外国人であり、そういう日本語を使って災害時の情報を伝えられないか検討した。1995年、96年のこの頃は、まだ仮説の状態である。

　仮説を検証するためにしたことは、どのような表現で伝えるかである。まず、ラジオや広報車などで伝えるための読みことば文法を決めた。「難しい

図1　「無料」を「やさしい日本語」で言い替えた「炊き出し」を知らせる掲示物

ことばを避け、簡単な語を使う」ようにし、基本語は約 2,000 語、外国人の
ための日本語能力試験でいうと旧 3 級（現 N4 級相当）までの語を使う。「無
料」（旧 2 級、N3）は「お金は　いりません」と併用した。災害下での「無
料」は頻出する語彙だからである。単語だけでなく表現方法も工夫し「主題
となるキーワードは始めの方に持ってくる」とか「1 文を短くする」などを
決めた。どの程度まで文を短くすればよく伝わるのかも決めた。「単文を平
仮名だけで書いて 24 文字以内、多くても 30 文字まで」とか、「災害時によ
く使われることばや知っておいた方がよいと思われることばは、そのまま使
う」といったようにである。たとえば避難所は、避難所〈みんなが　逃げる
ところ〉のように表現する。この避難所への誘導であるが、東日本大震災の
とき実際に使った表現は次のものである。

> 避難所〈みんなが　逃げる　ところ〉は　安全です。避難所は　だれで
> も　使うことができます。外国人も　使うことが　できます。避難所に
> 行って　ください。ぜんぶ　無料です。お金は　いりません。
> 避難所〈みんなが　逃げる　ところ〉で　できることを　知らせます。
> ①水や　食べ物や　情報を　もらうことが　できます。
> ②トイレに　行くことが　できます。
> ③寝る　場所も　あります。

　さらにたくさんの掲示物が氾濫する中で、外国人の目を引き、日本語だけ
ど読んでみようという気にさせる情報の書き方と表現についての基準作りも
行った。「見出しだけは、居住している外国人の複数の言語で書く」とか
「漢字の使用量に注意しルビ（振り仮名）を振る」などである（図 1）。これら
は後日「やさしい日本語」のための 12 の文法規則としてガイドライン[8]に
まとめ公開した。

4.4　安全性を検証する

　解決の糸口として示した仮説の表現を「やさしい日本語」と呼ぶことにし

た。日本に住んで一年くらいの外国人なら、漢字圏、非漢字圏の出身に関わらず理解できる日本語で伝えることを最大目的にした。そんなこともあって「　　」をあえて付け、普通名詞のやさしい日本語と区別できるようにした。

つぎにしたことは「やさしい日本語」の有効性と安全性を検証することである。研究者たちが提言する災害時用の外国人のための日本語である。事故が起きたり、理解率が低かったりしては災害時の外国人に適切に情報を伝えるという本来の目的から逸れてしまう。ここには統計数理学が専門の研究者に参加してもらった。

検証実験では課題を明快に判別できるよう、日本語での簡単な日常会話ができる程度(旧日本語能力試験3級程度)の外国人に「やさしい日本語」は有効かを検証した。A. 読みことば(放送、聴解)とB. 書きことば(掲示物、読解)で災害情報を伝えるときの、「やさしい日本語」と普通の日本語による効果の違いを比較している(図2)。漢字圏と非漢字圏の出身者の割合を同じにし、また日本語の学習歴も同じになるような二つの外国人集団に分けた。

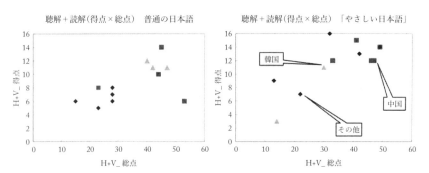

横軸は日本語能力を知るためのテストの正解数。右に行くほど日本語能力は高い
縦軸は、指示された行動の達成数。上に行くほど達成数は高い

馬場康維(2007)による

図2　難易度の違う二種の日本語表現への外国人による理解実験結果

その結果、漢字圏の外国人にとっても、非漢字圏の外国人にとっても「やさしい日本語」の方が指示を理解し、また日本語能力が低い人にも「やさしい日本語」で伝えることは有効なことが明らかとなった[9]。

4.5 誰の何に資するか

　先に、阪神大震災では被災外国人への対応の遅れや関西在住外国人への外国語による情報の少なさが社会問題となったことに触れた。その反省やその後起きた中越地震、東日本大震災を経験することで、外国人支援団体の活動は大きく発達した。避難情報や支援情報はそれまでに比べ、さまざまなことばを話す外国人に伝えられるようになった。なかでも東日本大震災での多文化共生マネージャー全国協議会の「災害時多言語支援センター」(以下タブマネ支援) や仙台市国際交流協会の「仙台市災害多言語支援センター」(以下仙台市支援) の迅速な設置と支援対応は象徴的である。タブマネ支援は 10 の言語で、また仙台市支援は 4 言語での情報伝達をするが、10 言語の一つ、また 4 言語の一つが「やさしい日本語」だった。「やさしい日本語」は、日本語とは別に用意された言語で、この意味で「やさしい日本語」は、外国人が理解しやすい外国語の一つとしての役割を担ったことになる。

　それでは被災地である仙台市が、外国人被災者支援のための外国語として中国語、韓国・朝鮮語、英語に並んで「やさしい日本語」を使った理由は何だったのか。被災外国人対応をした仙台市国際交流協会での聞き取りと震災後に刊行された多くの報告書[8]から以下の理由が確かめられた。1)情報の的確性と 2)伝達の迅速性といった役割はここまで述べてきた通りであるが、これら以外に「やさしい日本語」での情報の送り手(誰の) としての理由(何に資する)があった。

　それは、翻訳者や通訳者(以下翻訳者) の負担を軽減するという目的である。仙台の支援センターには約 70 名の言語ボランティア登録があったが、東日本大震災では、交通や家庭の事情などからその多くが支援に参加できず、実際に参加したのは 41% の 29 名だったことや、さらにこの 29 名だけでのべ 184 回の支援活動をこなしたとの報告がある[10]。被災地での翻訳者もまた被災者である。他方、被災地外のボランティアは被災地での状況把握と需要把握、そしてボランティアの受け入れ態勢が整うまで通訳支援や翻訳支援はできない状況にあった。これらから、「やさしい日本語」を使うことにより、外国語が堪能でない日本人や、堪能な外国語以外には対応できない

78　第 1 部　言語問題の発見と対応

翻訳者たち、たとえば比較的多くいる外国語の翻訳者が交代要員のいない外国語への対応に回れるなど、3) 限られた人数で長時間対応をすることの緩和や 4) 同一翻訳者の長時間支援に伴う誤訳発生の防止、5) 翻訳者の確保が困難な外国語への対応を可能にする人材活用といった被災地ならではの利用理由があった。

5.　「やさしい日本語」活用の広がり

　行政もボランティアも外国人支援ができない状況にあって、それでも外国人は日本人と同じようにしながら災害下を生き延びねばならない。日本人だけでなく外国人にも生き延びるための情報が必要ということである。そのとき、外国人にはそれぞれの国のことばで伝えられるのは理想だが、被災地の公共機関が複数の外国語で伝えることはできない。この 20 年、外国人を地域住民に抱える自治体は、このことへの対応をさまざまに検討してきた。

　検討への指針として、総務省は 2007 年に「情報の多言語化に当たっては、地域の外国人住民の構成に応じて、複数の外国語を用いるほか、やさしい日本語を用いることも考えられる」ことを示した[12]。東日本大震災をきっかけとして、大阪市は 2012 年 7 月、地域防災計画に「避難場所などの案内板や標識類について、多言語化ややさしい日本語標記、ルビふり、ピクトグラムによる標示など、外国人に配慮した整備を行う。」(第 8 章第 2 節)[13] 他の文言を書き入れ、同年 9 月には東京都も「多言語(日本語、英語、中国語、ハングル)の他、「やさしい日本語」での防災知識の普及・啓発に努める。」(第 2 章第 5 節)と、『東京都地域防災計画(平成 24 年修正版)』[14] に書き込んだ。

　東京都はさらに、これに関連して「「やさしい日本語」を取り入れることが有効である」や「「やさしい日本語」を翻訳言語のひとつとしてすえることにより、情報を理解できる人の視野を広げることが期待できる」、「行政職員や防災(語学)ボランティアは、研修を通じて、平時から「やさしい日本語」を習得し、災害時の情報提供に備える必要がある」ことを提言してい

る(15)。外国人住民が多い自治体では、プラスワンの外国語として「やさしい日本語」を導入しようとしている。

　「やさしい日本語」の活用についてさらに言及すると、外国人住民の多寡と「やさしい日本語」の導入は必ずしも比例の関係にはないということである。じつは、外国人住民の数が少ないと、行政はそのために人員を割くことができないし外国人ボランティアも支援に入らない。違うことばを話す外国人同士の助け合いも期待できないことから、地域社会、いわゆる共助の負担だけが大きくなる。そのような状況下で情報を適切に伝え、住民や行政、そして外国人住民の負担も軽減するのが「やさしい日本語」である。このような理由から、18万都市の弘前市は中越地震以前の2007年に、「やさしい日本語」で伝えることを『弘前市地域防災計画』(16)で決めている。

　さて「やさしい日本語」は日本各地でどのように活用されているのか。その活用数を地図に示したものが第1章【8】のやさしい日本語全国マップである(17)。2016年11月時点で、全都道府県に673の活用例があった。それ以前の2014年10月のその数は254例(43都道府県)だったから、2年で倍以上の265％に拡大したことになる。外国人住民への防災情報や防災計画、避難誘導標識、注意喚起情報、生活情報などをやさしい日本語にして伝えている。注17に挙げたwebサイトには地域別や媒体別の活用例も示しているので、どのような事例があるかや、「やさしい日本語」研究のウェルフェアはどう応用され広がってきたのかを時間軸に沿って確認できる。参照いただきたい。

6.　ウェルフェアであるための言語研究者としての責任

　大きな広がりをみせるやさしい日本語だが、中には全文をひらがなで書いただけのものや、漢字にルビを振っただけのものなど、情報を受ける外国人の日本語力を考慮しない文体も目立つようになった。また伝える内容も就労や金融、医療など、もともとの「やさしい日本語」では表現しきれない内容でもやさしい日本語と呼んで表現されるようになった。それが前述の

80　第 1 部　言語問題の発見と対応

「　　」をあえて付け、普通名詞のやさしい日本語と区別するようにした
きっかけだが、言い替えると「　　」は、災害が起きたとき命を守るのに安
心して頼ってもいい表現であり、安心して伝えても大丈夫な表現に「やさし
い日本語」はなっていることを言語研究者として責任を持つことの表明でも
あった。やや循環論的になってしまうが、膨張、拡大するやさしい日本語を
言語研究者として自戒し制限することで、「やさしい日本語」がウェルフェ
アであることの責任を自覚するのである。

　さて、これもまた一方でということになるが、ウェルフェアであるために
は、情報を伝える側は「やさしい日本語」での文作りに日頃から慣れていな
ければならない。不慣れだと、災害が発生しても肝心の避難や注意喚起など
の情報を迅速、的確に伝えられないという問題が生じる。ここに言語研究者
としての責任という姿勢を示さなければならなかった。

　このことへの対応として、災害発生からの 72 時間に、命を守る情報を確
実に伝える「やさしい日本語」をカテゴリー I（CAT I）、日頃からの生活
情報を伝える「やさしい日本語」をカテゴリー II（CAT II）として、使用語
彙や文規則を使い分けることにした。2016 年には、CAT II で使う語彙 6,850
語を確定し、『生活情報誌作成のための「やさしい日本語」用字用語辞典』
として公開した。2017 年は、それらを使って生活情報を伝える文規則を『生
活情報誌作成のための「やさしい日本語」ガイドライン』にして CAT II 用
の新たな 14 の規則を公開した。CAT II の規則に従うと、外国人住民の 80%
以上が理解する文体で生活情報を伝えることができる[18]。

　ガイドラインは、自治体や外国人支援団体の職員が、「やさしい日本語」
を用いた生活情報誌を作れるようになることを目的にした。「やさしい日本
語」の活用を災害情報から生活情報へ広げることで、情報を伝える側と受け
る側の両者が「やさしい日本語」に日頃から触れることができ、災害時の情
報伝達がよりスムーズになると考えたためである。このことによって前出課
題の、拡大しようとするやさしい日本語を言語研究者として制御しながら
も、「やさしい日本語」がウェルフェアである責任を果たせるようにした。

7. 思想としての「やさしい日本語」研究と社会言語学

　大規模災害が起きると外国人住民への情報は日本人住民に比べ極めて限定的になる。災害下での外国人住民の尊厳を守り、最低限の生活を保証するため、日本人が必要としている情報を外国人にも迅速に伝えねばならない。次いで、災害直後を生き延びた彼らに日常を取り戻すための情報を日本人と同じように知らせることも必要となる。国や都道府県や区市町村は、外国人住民の命を守り安全と安心を担保する情報を伝える術を持たねばならない。これが公共の幸福であり、平等の保証となる。

　「やさしい日本語」研究は何を目標にしているか。それは、災害下での外国人住民の言語権、すなわちどのような外国語を使う外国人も、住民として等しく情報が得られるためのことばの権利を確立させることである。社会言語学的な「やさしい日本語」研究の思想はこのことにある。

　いま、国や都道府県や市区町村はと書いたが、じつは外国人に適切な情報を伝えることの、その先に、さらなる効果を期待している。それは、新しい公共（new public）への「やさしい日本語」の適用である。自助と共助だけが機能せざるを得ない発災直後や発災後の 72 時間にあって、地域社会の安全や被災住民の支援は地域構成員の相互援助がもっとも確実で力強い。救助や援助、避難所運営、被災者支援、地域復興などを、行政の限られた力にただただ依存するのでなく、ある程度の責任を住民が行政と共に担いながら、公共サービスに近い住民主体の支援、言語でいえば翻訳支援や通訳支援といった共助の仕組みを作ることである。そしてそういう支援のしかたや、そういった支援にどの住民も参加できることを日頃から外国人住民と話し合ったり、「やさしい日本語」で意思疎通ができる外国人のコミュニティーリーダーを育成していることも、新しい公共の仕組み作りである。

　ウェルフェアは公共の幸福とも言い替えられた。公共とは社会の成員全てが参加できる、これも言い替えるなら社会の成員全ての居場所を確保し、それぞれの能力を活かせる場に参加できる社会のことである。災害下で躊躇することなく、誰もが等しく共助の役を担える社会の仕組みが新しい公共である。

東日本大震災後に刊行された報告書[19]には、以下に紹介するような外国人からの声が多数報告された。新しい公共での「やさしい日本語」の活用は現実味を帯びてきている。被災地の日本人住民と外国人住民との関係から、ことばに限って紹介する。

「さまざまな外国人住民から「自分にできることがあれば何でもしたい」と言われ、本当に心強く、嬉しく思いました」という日本人の声や、「外国人は弱者だけれども、災害発生時には体力が衰えている高齢者などを若いペルー人が担いで避難することもできる。ただ弱者なのではなく、社会貢献ができることも知ってもらいたい」といった外国人被災者からの声があった。さらに「日本の社会の中で、外国人として何ができるかを考えるようになった」や「日本に住んでいるから日本の復興に協力しないといけないと思う」「慌てることなく、これからも日本社会のために貢献したいと思う」「同じ外国人住民として外国人住民側は日本社会に溶け込んで日本人住民と共に地域を支える努力をもっとしなければならないと私は思う」など、同じ社会の住民だから、日本人と同じ共助の役を担い、地域復興に力を提供する関係を作りたいとの声である。

2016年の熊本地震でも、外国人住民による避難所運営や避難所での炊き出しの例、外国人（援護者）による日本人高齢者宅（要援護者）への支援活動例など、たくさんの支援報告があった[20]。

外国人を日本語の分からない人と決めるのでなく、日本人の復興能力を補完する能力をもつ仲間と考えるとき、日本人にも外国人にも通じることばが「やさしい日本語」となる。「やさしい日本語」を理解できる外国人住民は日本人住民と一緒になって、災害下で日本語に不慣れな外国人や、ときには海外との彼らの母語を活かしたインターフェースとして活躍してくれる。彼らは災害下で、日本人と違った能力を発揮するコミュニティーリーダーとなり、そのときの「やさしい日本語」は新しい公共での有益なコミュニケーション手段となる。

この考えは、内閣府『定住外国人施策ポータルサイト掲載におけるやさしい日本語の活用に関する Plain English（平明な英語）についての調査』[21]で

の、「内閣府では、日本語能力に不安のある日系定住外国人に対しての情報提供の在り方を検討しているが、「やさしい日本語」は速やかで正確な情報提供が可能なことから、通常時のみならず災害発生時等にも大きな効果を発揮することが期待されており、内閣府のみならず全国的にも普及させる必要がある。」という記述に反映している。「やさしい日本語」で緊急時の情報を的確に伝えられたら、外国人住民はもはや要援護者でなく心強い援護者となる。

　社会言語学的な研究を進めていく中で、外国人に「やさしい日本語」で情報を伝えることの新たな目的が見えてきた。外国人住民に情報を速やかに、そして的確に伝えられたら、彼らは被災地での大きな力になってくれるという効果である。

8.　ウェルフェアを意識した言語調査のために

　社会学化する言語研究では、データの集め方や分析の方法を根拠(evidence)によって示すだけでなく、地域社会や社会成員のウェルフェアにつながることも意識した方法論に基づかねばならない。ここに至って社会言語学が言い及ぶウェルフェア・リングイスティクスとは、原語から派生して「ことばの使い手が幸福であるために、ことばに関係する諸問題を、根拠に基づいて改善・解決する研究方法」との解釈にたどり着く。ウェルフェアが広義なのにはこうした事情があった。

　1950 年からの鶴岡調査が意識したウェルフェアは、60 年後の日本にどのような公共の幸福をもたらしたかの検証が必要になった理由がここにある（鶴岡調査については本書第 2 部を参照）。このことに関連して、鶴岡でのかつての調査課題「共通語の普及と、国民の言語生活の改善・向上を図る」は解決されたことを前提にして「これまで何が明らかになって、今後何を目指すのか」を論じるシンポジウムが社会言語科学会で開催された[22]。言語学を背景にする 4 人と統計学を背景にする 3 人、両領域をまたぐ 2 人の 9 人によるもので、そこでの討論から、60 年目の鶴岡調査の調査と分析は 3

84　第1部　言語問題の発見と対応

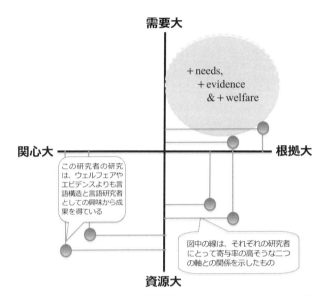

図3　21世紀の社会言語学が求める研究軸と鶴岡研究の成果分布概念

軸で整理することができるとの見方が話題になった。

　3軸の一つ目は研究姿勢の軸（図3中横軸）で、研究の根拠を重んじるか言語事象としての興味の解明を重んじるかで表現できた。二つ目は研究手法の軸であった。この軸は一般言語学的な調査法によるか、社会言語学的な調査法によるかで示すことができ、それぞれはウェルフェアという研究要素への重きによって計ることができた。三つ目は需要の軸（図3中縦軸）で、研究成果に対する社会からの需要（needs）と研究者が持つ言語的課題への解釈や分析に使える資源（seeds）との関係で表すことができた。

　これら3軸により成立する8象限を簡略化し、寄与率の高い2軸から成る4象限にパネリスト6名（司会者と発題者、筆者を除く）の研究成果を分布させたのが上掲図である。たとえば左下の象限には、言語構造と言語研究者としての興味によって成果の得られた研究が位置していた。また、右側の二つの象限に分布する研究の多さから、鶴岡研究の性質、姿勢は根拠によって示されることに重点が置かれ、程度の違いはあってもほとんどの研究が同じような手法でなされていることも見てとれる。さらに下方二つの象限に位

置する研究の多さからは、研究の成果が研究者のそれまでに蓄積した資源に基づいて産み出されている、あるいは資料としての価値(資源性)を重要視して研究が進められてきたことなども判断できた。

図中に表れたような研究姿勢が、冒頭の「社会言語学は、被調査者を質問紙によって大量調査(資源大)し、その結果を統計学的に分析(根拠大)することによって社会の考えを知る研究」と思わせている原因になっていて、ステレオタイプなイメージは研究者たちの姿勢が誇張されて伝わっていることを見て取れた。

また、図の横軸で隔てられる上方象限での研究が過疎となっていることから、社会的ニーズへの適用、あるいは社会的ニーズに配慮した研究視点が必要となっていることに気付く。もっとも今期の研究は、1950年代の目的を60年間引き継いだことによるもので、2010年代の社会的ニーズに合わせてのものでないための結果ともいえる。その上方空間だが、とくに右側の象限は需要(+needs)と根拠(+evidence)と公共の幸福(+welfare)という特徴を有す、言い替えると一般言語学での研究目的との違いが顕著な、社会言語学的研究だからこそ目指すべき象限である。仮にパネリストそれぞれの研究が、社会言語学の先端あるいは典型的な研究手法を鶴岡調査に適用してみせるなら、研究の分布はこの右上象限に集まることが望ましいわけで、鶴岡研究の改善を今回の分布から推し測るとしたら、今後は右上に位置する手法を意識して実施することである。すなわち「社会的ニーズに対する各研究者のシーズ適用を意識した、根拠に基づく研究計画」を立案することである。

第4回目鶴岡調査の成果はどのような社会言語学的な視点で生み出されたのかや、学問として成熟させるために今後補うべき手法は何かといったことなどを各象限での分布特徴から読み取ることができた。

9. 鶴岡調査60年目の社会言語学的研究意義

社会言語学という研究領域を通して言語研究にウェルフェアはどう適用できるかを考えた。このことに基づいて過去60年、4回続けた鶴岡調査の意

義を総括する。

　戦後日本の言語政策課題は共通語の普及であり、地方社会にとっては共通語をいち早く受容することであった。戦後の言語政策に鶴岡調査の結果はどう反映あるいは適用されたのか。言い替えるなら、国語研究所や統計数理研究所が60年携わった「共通語化問題をどのように進めるべきかの方策立案に資する」や「社会の変化に応じた国語の変化を示すこと」の研究報告は、どのような形で戦後の日本の言語政策や国語教育に反映されたのかである。もしそれがなかったとしたら、4回続けられた鶴岡調査のウェルフェアはどのように説明されるのだろう。国民への共通語の普及や言語生活の向上といった60年前の目標は、2000年代の日本で達成されているわけで、政策や教育が研究の成果を活用することなく施行されてきたなら、鶴岡調査を続けていたウェルフェアは何処にあったのかである。

　このことの検証と研究の評価は、実はまだなされていない。社会言語学だからこその課題としてなされるべきである。ここに至って社会言語学はウェルフェアだけでなく、さらにプラグマティック（pragmatic）という目的を内包した研究へと展開することになる。このこと、すなわち鶴岡調査での研究の成果を政策や教育がどう活用してきたかの検証、あるいはなぜ活用されなかったかを科学的に説明することができたなら21世紀後半の日本が直面する、地域社会の内なる国際化や教室の国際化での言語権や言語計画への提言、対策として、これまでの蓄積（seeds）は大きく貢献する。この説明をして本稿を終わりたい。

　2012年、外国人も住民基本台帳への記載対象となった。法務省は「日本人と同様に、外国人住民に対し基礎的行政サービスを提供する基盤となる精度の必要性が高まっています」と説明する。鶴岡調査では旧来の地域住民だけでなくノンネイティブである地域構成員も被調査者としてきたように、社会を冠する調査の倫理原則が「地域に住む人たちの幸福に資するためのもの」なら、内なる国際化に際しての言語サービスや外国人住民の言語権、外国人住民と日本人住民の共生社会を円滑に維持するための言語計画や住民サービスを意識した課題は重要な研究テーマとなる。これからの日本の内な

る国際化や地域社会構成員の多様化を支える根拠となる。

　さらに鶴岡での調査は総務省の労働力調査や厚生労働省の国民生活基礎調査のように日本の基幹調査として位置づけられるべき価値を生み出した。日本人の言語生活の変容を記録し続けることは60年前には見出し得なかった意義であり、20年ごとに4回継続させたからこその新たなウェルフェアである。そこから得られる成果を根拠とした言語計画や教育指針は、外国籍住民とも共生する地域社会のありように大きく寄与するはずである。

　本稿で説明した「やさしい日本語」での支援活動について、弘前大学の社会言語学研究室と「やさしい日本語」研究会は、いつでも被災外国人や被災外国人を支援する機関への手伝いができるよう心がけています。「やさしい日本語」マニュアルや放送用案文、スマホメール用案文、掲示物、ガイドライン、「やさしい日本語」化支援システム(通称「やんしす」)など、すべての資料は、研究室の HP から無料でダウンロードできます。著作権もフリーにしてあります。災害発生時には、私たちと共に「やさしい日本語」化支援の力になっていただけたら嬉しく思います。
　また「やさしい日本語」研究は、たくさんの研究者や協力者によって支えられています。ここで皆を紹介できないのは残念ですが、第30回社会言語科学会研究大会招待講演要旨で紹介しています。ご参照ください。

注

(1)　徳川宗賢・対談者 J. V. ネウスプトニー (1999)「対談　ウェルフェア・リングイスティクスの出発」『社会言語科学』第2巻1号、社会言語科学会

(2)　国立国語研究所(1953)『地域社会の言語生活：鶴岡における実態調査』秀英出版

(3)　国立国語研究所(1974)『地域社会の言語生活：20年前との比較』秀英出版

(4)　国立国語研究所(1994)『鶴岡方言の記述的研究』国立国語研究所

(5)　佐藤和之(2012)「大規模災害への社会言語学的手法の適用について考える：外国人被災者に『やさしい日本語』支援はどうなされたか」『社会言語科学会第30回大会発表論文集』社会言語科学会

(6)　外国人地震情報センター編(1996)『阪神大震災と外国人』明石書店
　　　松田陽子・他(1997)『阪神淡路大震災における外国人住民と地域コミュニティ』

神戸商科大学震災特別報告書

(7) 法務省。災害救助法適用市町村の外国人登録者数について（アクセス 2014 年 8 月 31 日）http://www.moj.go.jp/nyuukokukanri/kouhou/nyuukokukanri01_00019. html

(8) 弘前大学人文学部社会言語学研究室（2013）『増補版「やさしい日本語」作成のためのガイドライン』（アクセス 2018 年 8 月 26 日）http://human.cc.hirosaki-u.ac.jp/kokugo/ejgaidorain.html

(9) 馬場康維（2007）「実験による検証」『「やさしい日本語」が外国人の命を救う』やさしい日本語研究会

(10) 仙台国際交流協会（2011）「東日本大震災における外国人被災者アンケート集計結果」
仙台国際交流協会（2011）『仙台市災害多言語支援センター活動報告』
仙台国際交流協会（2012）「『多文化防災』の協働モデルづくり報告書」

(11) 自治体国際化協会（2011）「東日本大震災における外国人支援について」『自治体国際化フォーラム』

(12) 総務省（2007）『文化共生の推進に関する研究会報告書』

(13) 大阪市『大阪市地域防災計画』（平成 24 年 7 月版）

(14) 東京都防災会議（2014）『東京都地域防災計画（第 14 次修正）』（平成 26 年 7 月版）

(15) 地域国際化推進検討委員会（2012）『災害時における外国人への情報提供―東日本大震災の経験を踏まえて』東京都生活文化局都民生活部

(16) 弘前市防災会議（2010）『弘前市地域防災計画』（平成 22 年 2 月修正版）

(17) 弘前大学人文学部社会言語学研究室「やさしい日本語を活用している自治体・団体」（アクセス 2014 年 8 月 31 日）http://human.cc.hirosaki-u.ac.jp/kokugo/EJ8syakaitekihyouka.top.html

(18) CAT II で想定した外国人住民は、CAT I の対象外国人より少し日本語能力が高く、辞書などを使いながら雑誌などを読める程度の人たち。日本語能力試験でいうと N2, N3（旧試験 2 級）程度の外国人。

(19) かながわ国際交流協会（2012）『外国人コミュニティ調査報告書』
自治体国際化協会（2011）『自治体国際化フォーラム・東日本大震災における外国人支援について』

(20) 熊本市国際交流振興事業団（2016）『熊本地震外国人被災者支援活動報告書・多文化共生社会のあり方』

(21) 内閣府（2013）「定住外国人施策ポータルサイト掲載におけるやさしい日本語の活用に関する Plain English（平明な英語）についての調査」WIP ジャパン（アクセス 2018 年 8 月 26 日）http://www8.cao.go.jp/teiju/research/h25/plain_english/pdf_

index.html

（22）シンポジウム「ことば」と「考え方」の変化研究：社会言語学の源流を追って
『社会言語科学会第 31 回大会発表論文集』2013（社会言語科学会）

第 2 部

世界最長の実時間研究
鶴岡調査

山形県鶴岡市における方言の共通語化研究(鶴岡調査)や、愛知県岡崎市における敬語研究(岡崎調査)などでは無作為抽出(ランダムサンプリング)によるデータ収集方法が用いられ、「定点・経年」の枠組みで現在に続いている。この第2部では、国立国語研究所と統計数理研究所が1950年から2011年まで約60年間にわたって4回実施した鶴岡調査のデータにもとづく最近の研究の一端を紹介する。

　鶴岡調査で用いられた調査項目は、音声(音韻31項目とアクセント5項目の計36項目)、語彙、文法などに関する言語項目のほか、言語生活に関する言語意識項目などであった。調査の基本的な質問項目は第1回から第4回まで共通のものが約20年間隔で使用され、60年間におよぶ言語変化の実態をとらえられるように設計されている。これは厳密なランダムサンプリングにもとづく世界最長の言語変化に関する実時間研究である。

　ここでは3つの章が続く。第3章「鶴岡調査から見る方言の将来」では、音声、語彙、文法に関する60年間の変化の概要が示され、その結果をふまえて方言の将来に関する議論が展開される。第4章「個人の言語変化をつかむ」では、第1回から第3回までの約40年間のパネルデータを用いて、音韻とアクセントの共通語化を統計学的に分析する。第5章は、言語変化のS字カーブ説について詳しく紹介し、その説の妥当性を第1回から第3回までのランダムサンプルデータによって検証する。

　鶴岡調査のランダムサンプルデータとパネルデータは国立国語研究所から順次公開されている。本書の第5部に『鶴岡調査データベース ver.2.0解説(改訂版)』を研究資料として掲載した。そこでは第1回から第3回までの調査で共通して用いられた音声36項目などがIPA記号付きで解説されている。この解説(PDF形式)とデータベース(Microsoft Excel形式:xlsx)は国立国語研究所の以下のサイトからダウンロードできる。

■日本語の大規模経年調査に関する総合的研究

http://www2.ninjal.ac.jp/longitudinal/

(横山詔一)

第 3 章
鶴岡調査から見る方言の将来

佐藤亮一・米田正人・水野義道・阿部貴人

1. 過去 60 年間の変化の概要

1.1 音声・アクセント

　鶴岡調査では、山形県鶴岡市において約60年間にわたり単音に関する発音(合拗音、両唇音、口蓋音、有声音、鼻音、中舌音、イとエの混同)とアクセントについて、36項目を調査してきた。東北方言に特徴的な発音が現れ得る語彙を取りあげ、共通語の音声で発音される回答の変化を見てきた(詳細は第2部・第4章を参照のこと)。ここでその結果の概要を示す。

　図1は音声項目(31項目)、図2はアクセント項目(セナカ、ネコ、ハタ、カラス、ウチワ)の変化を年代別に示したグラフである。各図の横軸は年齢層を示し、縦軸は共通語の音声で回答された割合を示している。

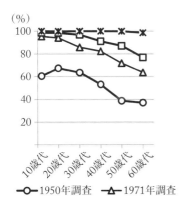

図1　音声項目の変化

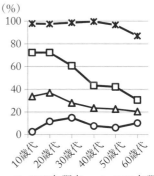

図2　アクセント項目の変化

96　第2部　世界最長の実時間研究

　図1、図2のように、音声項目・アクセント項目のいずれでも、60年間で急激に共通語化が進んだことがわかる。4回の調査結果から、最若年層（10代）と高年層（60代）の60年間にわたる変化を抜き出すと、下表のようになる。

表1　音声・アクセントに関する最若年層と高年層における共通語化の推移

		1950年		1971年		1991年		2011年	
10代	音声	60.4	→	95.4	→	98.6	→	100.0	
	アクセント	2.5		33.7		72.4		97.8	
60代	音声	37.0	→	63.7	→	77.0	→	98.6	
	アクセント	10.2		20.5		30.6		87.1	(%)

　ただし図表には示していないが、最高年層の70代は音声が88.7%、アクセントは44.9%（ともに2011年調査）であり、ほかの年層に比べ、アクセントの共通語化は著しく遅い。

　音声項目は第1回調査から第3回調査までは若年層と高年層の差が20ポイント以上あったが、第4回調査ではどの年層でもほぼ100%となり、差がほとんど消えた。どの年層でも共通語が使えるようになったわけである。アクセント項目はさらにその変化が激しい。1950年には2.5%だった若年層の共通語使用は、60年後には100%近くまで上昇した。高年層でも70ポイント以上高まり、90%近くまで上昇している。この60年間で、鶴岡市民は「アクセントを含めて共通語の発音ができる」という段階に達したと見ることができる。

1.2　語彙

　鶴岡調査において語彙項目で第1回調査から第4回調査まで通して調査が行われた項目は「いつも」「留守番」「いらっしゃい」「もう（歩けない）」「驚きを表すことば」「恥ずかしい気持ちを表すことば」の6項目である。このうち「いらっしゃい」については回答語形が多く、比較が難しいことから「いらっしゃい」を除く5項目について述べることにする。比較の対象

とする5項目は、方言形の回答率の変化のタイプによって次の3種類に分けられる。

（1） 方言形の回答率が第1回〜第4回調査で減少し、0%に近づいていると見られる項目
（2） 共通語形の回答率が第1回調査時から高く、方言形の回答率が低かった項目
（3） 方言形の回答率が第1回調査から第4回調査に至るまで一定程度の比率を維持していると見られる項目

　(1)は「留守番」と「驚きを表すことば」であり、それぞれの共通語形に対応する方言形の「ヨスリ」、「オボゲダ」の回答率は減少し、消滅の方向へ向かっていると考えられる。このうち「オボゲダ」の回答率は第1回調査から第2回調査の間で11.6%から25.0%に増加しているが、その後、第3回調査7.9%、第4回調査1.3%と減少を続けている(図3)。また、「ヨスリ」は17.9%、2.8%、2.0%、0.4%と単調に減少している(図示省略)。
　(2)は「いつも」と「恥ずかしい気持ちを表すことば」であり、標準語形に対応する方言形の「トース・トーシン」、「ショ(ー)ス」はほぼ消滅したと言って良い状態である(図4)。ちなみに、「トース・トーシン」の回答率は4回の調査で8.8%、4.4%、1.7%、1.7%と推移している(図示省略)。

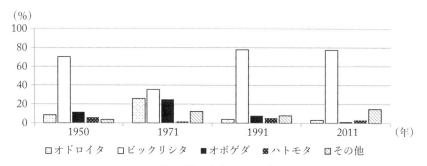

図3　驚きを表すことば

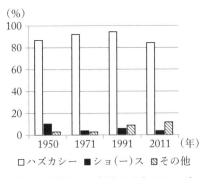
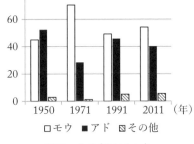

図4　恥ずかしい気持ちを表すことば　　図5　もう(歩けない)

　(3)は「もう(歩けない)」である。標準語形に対応する方言形の「アド」の回答率は、第1回調査と第2回調査の間で52.3%から28.4%へと減少しているが、第3回調査では45.7%に回復し、第4回調査でも40.2%の回答率を維持している(図5)。

　比較可能な語彙項目5項目のうち4項目については方言形の回答率が減少してきており、0%に近づいてきているが、1項目については共通語形と方言形がともに使用されている状態が続いていると言える。

1.3　文法

　文法に関する調査項目は語彙項目と同様に、調査年ごとに若干の項目入れ替えを行っているため、4回を通した調査結果が得られた項目は9項目となる。具体的には、動詞の活用(2項目：「起きる」の命令形、「する」の否定形)、人称代名詞(2項目：一人称複数の接尾辞、二人称)、格助詞(1項目：「見に行く」)、接続助詞(3項目：「行くから」「行くけれども」「静かなら」)、助動詞(1項目：「強かった」)である。

　文法項目については、項目によって多少のばらつきはあるが、音声・アクセント項目に比べれば方言形の減少率が低い(図6)。

　図示は省略するが、第4回調査(2011)に限って言えば、すべての文法項目について、中年層の方言形使用率が高いことが認められる。ただし、「オキレ」のように(10歳代を除き)若年層ほど方言形の使用率が高くなるとい

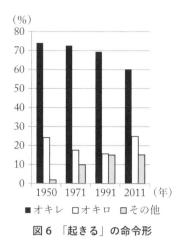
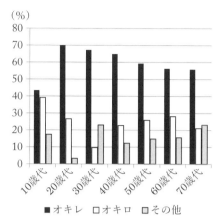

図6 「起きる」の命令形

図7 「起きる」の年齢層別分布
（2011年調査）

う例外が認められる(図7)。これは、調査票における質問文が「小さい子どもに向かって(朝寝坊しないで早く起きろ)という時、ふつう何とおっしゃいますか。」のように小さい子どもに向かって使うことばを要求したため、調査対象者が高年層であるほど、「その他」に含めた「オキナサイ」「オキテ」などの語形の使用率が高くなる傾向があることが関係しているのではないかと思われる。

　以上のように、音声・アクセントについては、すべての年代で共通語化(共通語使用能力)が完成に近づいている。語彙は単語によってばらつきが大きく、文法はどの年代も依然として方言形式の使用率が高い。

2. 発展的調査の目的と調査内容

　鶴岡調査(経年調査)は典型的な社会言語学的調査である。調査対象者はサンプリングによって抽出された多人数の鶴岡市民であり、鶴岡市以外からの転住者も含んでいる。経年調査は地域社会の言語変化の実態を統計学的に把握したものと言える。しかしながら経年調査における調査項目はきわめて限定されている。したがって、経年調査の結果は伝統的鶴岡方言の変化の全容

を反映するものではない。

　そこで、項目数を大幅に増やし、鶴岡市生え抜きの話者を対象に「発展的調査」と称する調査を実施した。予備調査を2012年7月に、本調査を2012年9月に実施した。調査対象者は言語形成期を鶴岡市で過ごし、かつ、外住歴が原則として10年以内の者50名（70歳以上の老年層21名、53～68歳の高年層12名、41～50歳の中年層17名）であった。

　調査項目と調査内容は以下のとおりである。

①語彙：俚言81語について使用度（今も使う・昔は使った）、理解度（聞いたことがある・聞いたことはない）と、それぞれの語のアクセント型を調査（§3の表2・表3参照）。
②類別語彙のアクセント：1拍・2拍・3拍名詞合計83語について、単語単独（柿）・助詞なしの短文（柿赤い）・助詞「の」「と」を後接する名詞句（柿の皮・柿と梨）のアクセント型を調査。
③格助詞「さ」を中心とする助詞（共通語の格助詞「に」に対応する助詞）の用法、合計56項目を調査（§3の表4参照）。
④テンス・アスペクト：「する」「書く」「売る」「居る」「待つ」「死ぬ」「磨く」「通る」「読む」の動詞について「ている形」「ていた形」を調査。
⑤可能表現：「泳ぐ」「飲む」「書く」「読む」の動詞について、能力可能と状況可能の肯定形・否定形を調査。

　もちろん上記①～⑤の「発展的調査」でも、鶴岡方言の一側面を把握したに過ぎない。「発展的調査」を今後も継続して行い、経年調査との関連を考察することによって地域言語変化の将来を見通すことが可能になるであろう。

3.　発展的調査の結果の概要

　発展的調査の結果を表2～4に示す。

第 3 章　鶴岡調査から見る方言の将来　101

表 2　俚言の使用度（全体の割合が 70%以上の項目）

※数値は「今も使う」「昔は使った」と回答したものの合計の割合(%)

語　　彙　　〔 〕内は意味	全体	老年層	高年層	中年層
なんぼ〔いくら〕	96	100	100	88
うるがす〔水に浸す〕	94	100	100	82
まがす〔水をこぼす〕	94	95	100	88
ごげる〔叱る〕	92	95	92	88
いだまし〔もったいない〕	92	100	92	82
みじょげね〔かわいそう〕	92	100	92	82
かたがる〔傾く〕	92	95	100	82
ばんげ〔今晩〕	92	100	92	82
きび〔とうもろこし〕	92	100	92	82
たがぐ〔持つ〕	90	100	92	76
つらつけね〔ずうずうしい〕	90	95	100	76
だだこぐ〔だだをこねる〕	90	100	92	76
うそこぐ〔嘘をつく〕	90	95	92	82
こちょばす〔くすぐる〕	90	90	100	82
ごしゃぐ〔叱る〕	88	95	75	88
ぽっこす〔壊す〕	88	95	83	82
おもやみ〔心配〕	88	95	100	71
つばき〔唾〕	88	95	92	76
うだる〔捨てる〕	86	90	83	82
こちょば(び)で〔くすぐったい〕	86	100	83	71
じょさね〔簡単だ〕	86	100	83	71
ちょす〔さわる〕	86	95	92	71
ぞっぱる〔言い張る〕	86	100	83	71
けげし〔かしこい〕	86	100	100	59
あっちゃくせ〔ばかくさい〕	84	95	92	65
うしけね〔能力がない〕	82	90	83	71
からどり〔里芋〕	82	90	92	65

102　第2部　世界最長の実時間研究

語彙	全体	老年層	高年層	中年層
からがみ 〔ふすま〕	82	100	92	53
くわる 〔つまる〕	80	90	67	76
かんちける 〔他人のせいにする〕	80	81	92	71
じょなめる 〔おしゃれする〕	76	95	83	47
からがぐ 〔縛る〕	76	86	75	65
さーまじ 〔めずらしい〕	76	86	83	59
じんでね 〔非常に〕	76	95	67	59
しみる 〔凍る〕	76	95	83	47
ひこ 〔ひまご〕	76	86	83	59
なんばん 〔唐辛子〕	76	95	75	53
すっけ 〔酸っぱい〕	74	95	33	76
かくれぼっち 〔かくれんぼ〕	74	95	67	53
このじょがら 〔この前から〕	72	90	58	59
じぐなし 〔臆病者〕	72	81	75	59
かがぼし 〔まぶしい〕	70	100	75	29
まなぐ 〔目〕	70	76	75	59

表3　俚言の使用度（全体の割合が69％以下の項目）

語　　　彙　〔　〕内は意味	全体	老年層	高年層	中年層
このげ 〔眉毛〕	68	90	50	53
ねまる 〔正座する〕	68	81	58	59
こけら 〔鱗〕	68	95	67	35
まぎ 〔つむじ〕	66	86	50	53
つぼ 〔庭〕	66	90	58	41
いしぇこぐ 〔いばる〕	64	81	50	53
せやみ 〔怠け者〕	64	76	83	35
しゃんちける 〔人をたたく〕	64	67	75	53
びっき 〔蛙〕	64	76	58	53
おなご 〔女〕	64	95	25	53

おぼげだ 〔おどろいた〕	62	86	25	59
つら 〔顔〕	60	67	42	65
ぜに 〔お金〕	60	81	50	41
おがる 〔成長する〕	58	71	58	41
い(っ)くれてんげ 〔いいかげん〕	58	71	67	35
にどいも 〔じゃがいも〕	58	86	42	35
がおる 〔弱る〕	56	67	42	53
かんする 〔匂いをかぐ〕	56	62	42	59
あぐど 〔かかと〕	56	81	42	35
とーす(ん) 〔いつも〕	56	76	42	41
はともた 〔おどろいた〕	54	67	42	47
ふくだびっき 〔ひきがえる〕	54	90	42	18
たもど 〔たんぼ〕	54	71	42	41
ぬが 〔もみがら〕	52	76	50	24
はばぎぬぎ 〔旅の打上げ〕	48	67	42	29
しょ(ー)す 〔はずかしい〕	48	67	25	41
きんな 〔昨日〕	46	48	33	53
すが 〔つらら〕	44	71	42	12
しもばれ 〔しもやけ〕	44	81	33	6
あばう 〔奪う〕	44	67	33	24
おとげ 〔あご〕	42	76	8	24
みしょめる 〔真剣になる〕	40	52	33	29
じゃんけね 〔無邪気だ〕	36	52	25	24
けーり 〔お釣り〕	36	76	0	12
くろ 〔畦〕	32	52	25	12
ちゃっこい 〔小さい〕	30	33	33	24
けなり 〔うらやましい〕	20	33	25	0
よすり 〔留守番〕	18	38	0	6

104　第2部　世界最長の実時間研究

表4　共通語「に」相当の用法

	サ	ニ	デ	助詞無し	カラガラ	その他
どこに行くのか	98%	2%		2%		
6時に東京に着いた		58%	36%	8%		
6時に東京に着いた	92%	8%				
机の上に本がある	92%	8%				
(息子に)これおまえにやるよ	94%	6%				
息子に本を買ってやった	94%	6%				
犬に餌をやる	90%	10%				
きのう先生に本をやった	88%	12%				
父親が私に本をくれた	90%	12%				
父親が私に本を買ってくれた	88%	14%				
背中にさわる	80%	10%		4%		6%
山に登る	94%	6%				
写真に写っている	92%	8%				
お父さんが太郎に手紙を書かせた	86%	14%				
母親に似ている	94%	6%				
水につけたら赤い色に変わった	90%	12%				
水につけたら赤い色に変わった	78%	16%		4%		2%
いっしょに映画を見に行く	86%	12%		2%		
娘を嫁にやる	78%	24%		2%		
仕事に行く	90%	10%				
6時半に迎えに行く	4%	64%	32%			2%
6時半に迎えに行く	68%	18%		12%		2%
6時に駅で会う		40%	54%	2%		4%
何時にいけばいいか	4%	44%	48%	4%		
それでは6時にお願いします	2%	42%	56%			
8時10分に来てください		50%	48%			4%
あした6時に目覚ましをかけておいてくれ	12%	46%	44%			2%
何時頃に行ったらいいだろうか	8%	26%	10%	58%		4%

6時までに行ってくれないか		32%	4%	62%			2%
夜中に火事になった		46%		54%		
来年の春に卒業する		28%	10%	64%		
同窓会は6月25日にあるそうだ		62%	6%	32%		
酒にするかビールにするか	20%	32%		46%		2%
酒にするかビールにするか	18%	40%		40%		4%
どれにするか	32%	34%		34%		
そろそろご飯にしよう	20%	38%		46%		
息子が大工になった	40%	38%		24%		
元気になってよかったね	22%	36%		42%		
病気になった	20%	36%		46%		
邪魔になるからどいてくれ	12%	26%		60%		2%
10時になった	14%	40%		46%		
やっと静かになった	14%	42%		44%		
一緒に行こう	4%	40%		58%		
先に行ってくれ	36%	34%		32%		
一列に並べ	18%	58%	2%	24%		
おれのかわりに行ってくれ	10%	40%	2%	50%		
本当に困った		38%	42%	20%		4%
犬に追いかけられた	18%	20%	2%		66%	
猫に引っかかれた	6%	24%			70%	
友達に本をもらった	2%	18%			80%	
友達に手伝ってもらった	2%	22%			74%	2%
若いときに親に死なれて苦労した	10%	20%		2%	68%	
雨に降られて困った	32%	20%	2%	22%	24%	2%
赤ちゃんがお母さんに抱かれている	42%	28%			28%	2%
お母さんに抱きしめられた	10%	18%			72%	
兄弟は姉が一人に妹が一人だ*	32%	18%	24%	12%	2%	18%

*注 「兄弟は姉が一人に妹が一人だ」のその他の回答はすべて「トまたはド」。

数値は当該語形回答者数の調査対象者総数に対する割合である。
複数回答は各回答に割り当てたので各項目の合計は100%を超えることがある。
0%は空欄としてある。

106 第 2 部 世界最長の実時間研究

4. 経年調査と発展的調査の比較

4.1 語彙

表 5 は、両調査に共通の 6 語について、経年調査における 1936 〜 1946 年生まれの話者の第 2 回調査 (1971 年)、第 3 回調査 (1991 年) の回答率 (使用率)、また、発展的調査における老年層、高年層、中年層の使用率 (「今も使う」と回答した者の割合) を示したものである (それぞれの年齢層の年齢は §2 を参照)。発展的調査における老年層は、表 5 に示す経年調査の話者とほぼ同年代である。

表 5 経年調査と発展的調査の比較 (語彙)

	経年調査		発展的調査			
	第 2 回	第 3 回	老年層	高年層	中年層	全 体
「とーす (ん)」	2.9%	1.2%	28.6%	8.3%	31.3%	24.5%
「よすり」	1.9%	4.9%	0.0%	0.0%	5.9%	2.0%
「はともた」	3.8%	1.2%	55.6%	40.0%	46.7%	48.8%
「おぼげだ」	10.5%	6.1%	57.1%	9.1%	52.9%	44.9%
「しょ (ー) す」	3.8%	4.9%	28.6%	8.3%	41.2%	28.0%
「すが」	20.0%	25.6%	44.4%	25.0%	11.8%	27.7%

以上のように、「発展的調査」における俚言形の使用率は「よすり」を除き、「経年調査」よりもかなり大きい。そのおもな要因は調査法 (質問法) の次のような違いにあると思われる。

　経年調査：俚言形非提示 (共通語形を提示、または、なぞなぞ式)
　発展的調査：俚言形を文字で提示して使用の有無などを質問。

鶴岡市における俚言形・共通語形使用の実態は「経年調査」と「発展的調査」の中間にあると考えられる。俚言形と共通語形の両方を提示し、「どち

らを多く使うか」「おもにどのような場面でどのような人に使うか」などを調査すれば、より実態に近い数値が得られるであろう。

4.2 文法

経年調査と発展的調査で共通している項目は「見に行く」の用法のみである。

経年調査においては、図8に示したように「サ」はどの調査年度においても50％前後の使用率であり、発展的調査では表4（いっしょに映画を見に

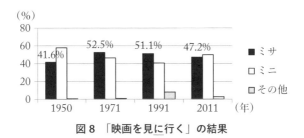

図8 「映画を見に行く」の結果

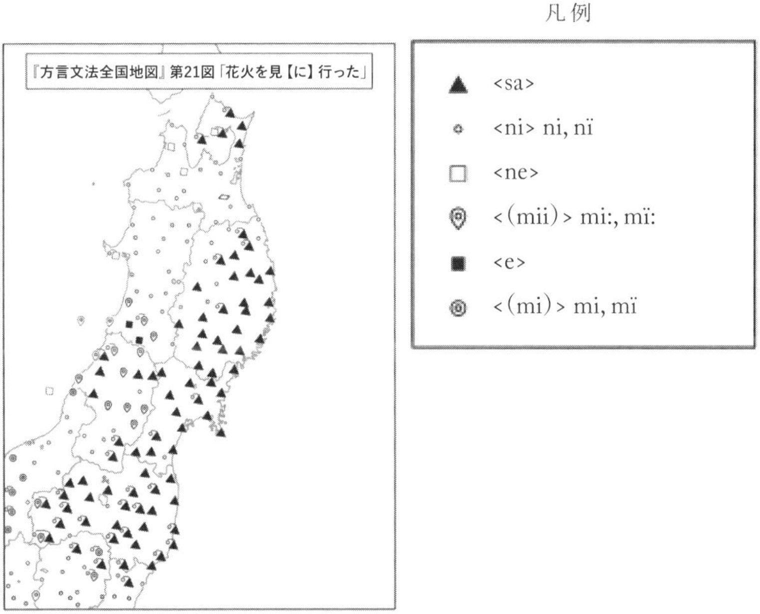

図9 「サ」の分布（国立国語研究所『方言文法全国地図』より）

108 第2部 世界最長の実時間研究

行く）に示したように 86％の使用率であるが、図9（方言文法全国地図）に示
したように、「見サ行く」（花火を見に行った）は主として太平洋側で広く使
われている用法である。発展的調査の表4で示したように「どこに行くの
か（方向）」「これおまえにやるよ（授与の対象）」「机の上に本がある（場所）」
のような項目においては、方言形「サ」の使用率がきわめて大きいことが注
目される。

4.3　アクセント

　ここでは、経年調査のアクセント5項目について、発展的調査の結果の
うち、語単独のアクセントと比較することにする。

　1.1で述べたように、第4回調査のアクセント5項目の調査結果は、共通
語アクセントでの回答率がほぼ100％に達している。それに対して、発展的
調査においては、以下に示すように方言アクセントでの回答が多数を占める
結果となった。これは、経年調査の結果が共通語使用能力を反映するものに
なっているのに対して、発展的調査では調査時に方言で発音してもらうこと
を要求しているという調査法の違いが影響していると考えられる。

（1）「旗」　方言アクセント：共通語アクセント = 96％：4％（以下では「方
　　　言アクセント」を「方ア」、「共通語アクセント」を「共ア」とする）
　　　［方アは○○（64％）と●○（32％）、共アは○●（4％）］（○は低い拍、
　　　●は高い拍を表す）
（2）「猫」　方ア：共ア：その他 = 80％：12％：8％
　　　［方アは○●（80％）、共アは●○（12％）、その他は○○（8％）］
（3）「背中」　方ア：共ア：その他 = 84％：0％：16％
　　　［方アは○●○（84％）、共アは○●●（0％）、その他は○○○（12％）
　　　と○○●（4％）］
（4）「鳥」　方ア：共ア：その他 = 72％：12％：16％
　　　［方アは○●○（72％）、共アは●○○（12％）、その他は○○●（6％）、
　　　○○○（6％）、●●○（4％）］

（5）　「団扇」　方ア：共ア：その他 = 52%：2%：46%

　　　［方アは○○●（52%）、共アは○●○（2%）、その他は○○○（46%）］

　上記のように、方言アクセントでの回答が圧倒的に多い項目がほとんどである。「団扇」では、方言アクセントでも共通語アクセントでもない○○○が多いことが注目される。東京アクセントでは、○●○から○●●に変化しつつあることから、共通語の変化が影響している可能性も考えられるが、共通語の影響によるものか、方言アクセントの変化によるものかは現時点では不明である。以上のことから、発展的調査と経年調査の結果を総合的に見れば、鶴岡市においては方言アクセントと共通語アクセントとを使い分けている話者が多数であると考えて良いと思われる。

5.　鶴岡市方言の現状と将来

　1.1 の音声項目とアクセント項目の共通語化率の変化を見ると、音声項目については第 1 回調査から第 2 回調査の間の変化が大きく（図 1）、アクセント項目については第 2 回調査から第 4 回調査の間の変化が大きいことがわかる（図 2）。第 1 回調査と第 2 回調査の間にテレビが普及したことが共通語化に大きく影響したと思われるが、その後もマスメディアの影響とともに社会環境の変化によって共通語化が進んできたものと考えられる。

　鶴岡市の言語使用の実態は、第 3 回調査から第 4 回調査の 20 年間にも大きく変化している。第 3 回調査の時点でも、調査の実施に協力してくださった 30 代前半と思われる市役所の職員の方が、我々調査員に対しては共通語で対応し、地元の方には方言で対応されている姿に接する機会があった。まさに共通語と鶴岡市方言のバイリンガルであると思ったことが強く印象に残っている。第 4 回調査の調査対象者の中にも、高校を鶴岡市で卒業して進学や就職等のために首都圏などで一定期間生活し、鶴岡市に戻って生活している方が少なくなかった。また、家族の若い世代が首都圏等で家庭を持って定住しているため、頻繁に鶴岡市と首都圏等との間を往復しているという

110 第 2 部 世界最長の実時間研究

高年層の調査対象者もいた。こうした状況の中で、鶴岡市中心部の言語は共
通語の大きな影響を受けて変化してきていると考えられる。一方、鶴岡市の
周辺地域では、中心部と比較すれば相対的に伝統的な方言を残しており、現
在の市中心部出身の中年以下の世代の調査対象者の中には、高校に入って周
辺部出身の友人と接触することで庄内方言を習得したという方もいた。

　鶴岡市で第 1 回調査が行われた 1950 年の時点では、鶴岡市の日常の言語
使用において方言と共通語を使い分けるということがどの程度一般的であっ
たかは不明であるが、第 3 回調査の 1991 年の時点では、調査票の「ふつう
何とおっしゃいますか」という質問に対して、調査協力者から「方言で答え
るのか共通語で答えるのか」と逆に質問されることがあったが、方言と共通
語とを使い分けている実態が第 3 回調査の時点ではすでに一般的であった
ためであると考えられる。そのため、第 3 回調査の翌年に場面差調査を行
い、経年調査で得られた結果が鶴岡市の言語使用の実態のどの側面を示して
いるかを確認しようという試みを行っている。

　ここでは、その報告書（国立国語研究所 2006）から、その調査で場面差が
認められた項目と認められなかった項目とについて、第 4 回調査の結果お
よび発展的調査の結果と比較して、方言と共通語の使い分けの実態について
の理解を深めたい。以下に報告書（国立国語研究所 2006）に示された結果の
うち、発展的調査と重なる項目について、場面差の認められた項目と認めら
れなかった項目とに分類して示す。

　場面差の認められた項目
1.　語中の /k/ の有声化：柿（[kaki] と [kagi]）、猫（[neko] と [nego]）
2.　語中の /si//zi/ の母音の中舌化：
　　　　　　　　　　辛子（[karaʃi] と [karasï]）、知事（[tʃiʒi] と [tsizï]）
3.　アクセント：猫（「ネコ●○」と「ネコ○●」）、烏（「カラス●○○」
　　　　　　　と「カラス○●○」）
4.　語彙：「コワレタ、コワレダ」と「ボ(ッ)コレタ、ボ(ッ)コレダ」、
　　　　　「ステル」と「ウダル」、「イクラ」と「ナンボ」

5. 格助詞：「エ、ニ」と「サ」(方向を表す格助詞)ドコ＿、学校＿

6. 接続助詞：「カラ、ガラ」「ノデ、ンデ」と「サケ、サゲ」「ハケ、ハゲ」(理由を表す接続助詞)すぐ行く＿＿＿

場面差の認められなかった項目

1. /h/ の両唇音化：髭([çiŋe] と [ɸiŋe])

2. /dze/ の口蓋化：税務署([dze:muʃo] と [dʒe:muʃo])

3. 語中の /z//d/ の鼻音化：鈴([suːzuɯ] と [suɯ̃zuɯ])、窓([mado] と [maː̃do])

4. /suɯ/ の母音の中舌化：烏([karasuɯ] と [karasï])

5. /i/ と /e/ の混同：駅([eki] と [ėgi])、息([iki] と [ėgi])

　第4回調査では、継続項目の一部の語彙について、共通語で発音するように指示をして発音してもらう項目と伝統的な発音のまねをして発音するように指示をして発音してもらう項目を新たに追加している。その結果を見ると、音声項目の有声化とアクセント項目は共通語と方言の使い分けが可能である率が高いが、音声項目の両唇音化、口蓋化、鼻音化、中舌化、イとエの混同については、方言で発音できる率は0%かそれに近い率になっている。この結果は上記の報告書(国立国語研究所 2006)の調査結果とほぼ一致していると考えられる。

　上記のように、経年調査の項目の中には、共通語形と方言形の使い分けのあるものと、すでに方言形の使用が衰退し共通語形の使用が一般的になっているものとがある。このうち、使い分けのあるものについて見ると、音声項目と語彙項目については、特に場面を指定しないで「普通どう言うか」という形で調査してきた結果、共通語寄りの回答を得ているのに対し、文法項目では、「あなたが親しい友達にむかっていう時の言葉についていくつかお尋ねいたします」という場面設定をすることで、方言寄りの回答を得ているということが言えるのではないかと思われる。また、一部の文法項目の先生に向かっていう場面などでは共通語寄りの回答が得られていると考えられるものもある。

　鶴岡市民の大多数が方言と共通語のバイリンガルになれば、方言は家族や

112　第 2 部　世界最長の実時間研究

親しい友人の間で使われる言語変種として、公の場面で使われる共通語とともに使われていくのではないかと思われる。方言的特徴は伝統的方言と比較すれば相対的に少なくなり、共通語の影響を受けたものになっていく可能性が高いが、一方で新しい方言形も生み出されていく可能性もあると考えられる。伝統的方言のどのような部分が残り、どのような部分が衰退していくかについては今後の課題である。

6.　今後の課題

　鶴岡調査を開始した 1950 年代、国立国語研究所が焦点化した研究課題は「国民は、一体、地域社会において、どのような言語を、どのように使って生活を営んでいるのか。その実状を明らかにする」(国立国語研究所 1953: 2)ことであった。この当初の目的に立ち返って、今後の鶴岡調査では 2 つのことに取り組む必要があるだろう。

　1 つは、地域社会におけるバイリンガリズムの実態を明らかにすることである。今日、「地域社会の生え抜きであれば母方言はその土地の地域方言である」とは限らない。母方言が共通語である場合もある。最初に獲得する言語が共通語であり、その後、成長するなかで方言を獲得することもある。

　母語を決定する基準は 5 つあると言われる (Skutnabb-Kangas 1981)。(1)起源 (Origin：最初に獲得した言語)、(2) 能力 (Competence：最もよく知っている言語)、(3) 機能 (Function：最も頻繁に用いる言語)、(4) 自分が一体感を持つ言語 (Internal identification)、(5) 他者が (当該者の) 母語であると判断している言語 (External identification) である。何を基準にするかで母語は変わるのである。また、これらの複合体であることもある。

　戦後まもなくの地域社会ではどうであったろうか。おそらく、上記 5 つのすべてが地域方言であっただろう。しかし、現代はどうか。調査結果から、伝統的な鶴岡方言を知らない鶴岡市民が多いことがわかった。また、仕事の関係で、地域社会に居ながらにして方言よりも共通語を多く用いることもあるだろう。そのような状況が続けば、共通語のほうに一体感を感じるよ

うになり、他者から「共通語話者」と同定されることになったとしても不思議ではない。今日、地域社会における「母方言」は、静的な属性として固定されたものではなく、ダイナミックな状態にある。

そのような状況の中で特に注目したいのが(1)起源(最初に獲得した言語)である。現代において、地域社会で生まれ育つ人が最初に獲得するのははたして地域方言であるのか。共通語を先に獲得し、その後、地域社会の中で生活するうえで、コミュニケーションを円滑にする等の目的で、地域方言を共通語より後で獲得する(バイリンガルになる)という状況はないのか、という問題意識である。

2つ目は、方言と共通語の使い分けの実態を把握する調査モードを開発することである。今日、方言と共通語が使い分けられていることは間違いない。その実態を把握するための調査が必要である。使い分けの実態を把握するための調査モードの開発を含めて、取り組むべき課題である。

上記2つの理念は、すなわち、研究の視点が「方言の共通語化」から「方言と共通語のバイリンガリズム」へと移行していくことを意味する。それが、その時代の言語生活の実態を把握すること(=鶴岡調査の研究目的)に適うからである。

以上の理念を踏まえると、具体的な課題として次のような課題を挙げることができる。まず、経年調査についてである。

（Ａ）　調査項目の整理(これまでの結果を踏まえた削除・追加)
（Ｂ）　調査モードの改善・開発(場面差を捉える調査など)
（Ｃ）　調査協力者の年層(最若年層)の追加
（Ｄ）　未分析データの解明(調査協力者の社会的属性との関連など)

また、発展的調査に関しても、以下の課題を挙げることができる。

（ａ）　調査項目の大幅な追加(特に語彙・文法項目)
（ｂ）　場面(対者・話題・使用場面など)および調査協力者の個性による

言語差の詳細な調査
（ c ） 最若年層(幼児から中学・高校生まで)の言語使用の実態
（ d ） 会話録音資料の作成と分析

　経年調査の(A)(B)(C)は、発展的調査の(a)(b)(c)にそれぞれ対応する。発展的調査の(a)(b)(c)の結果を踏まえたうえで、経年調査の(A)(B)(C)、すなわち、今後の鶴岡調査の設計がなされるべきであろう。

参考文献

国立国語研究所(1953)『地域社会の言語生活―鶴岡における実態調査―』国立国語研究所報告 5，秀英出版

国立国語研究所(1974)『地域社会の言語生活―鶴岡における 20 年前との比較―』国立国語研究所報告 52，秀英出版

国立国語研究所(1989)『方言文法全国地図』第 1 集―助詞編―，財務省印刷局

国立国語研究所(2006)『方言使用の場面的多様性―鶴岡市における場面差調査から―』

国立国語研究所(2007)『地域社会の言語生活―鶴岡における 20 年間隔 3 回の比較―』

統計数理研究所・国立国語研究所(2014)『第 4 回鶴岡市における言語調査 ランダムサンプリング調査 資料編：第 1 分冊「音声・音韻」編』

統計数理研究所・国立国語研究所(2015)『第 4 回鶴岡市における言語調査報告書 資料編：第 2 分冊「語彙・文法・言語生活項目」編』

統計数理研究所・国立国語研究所(2016)『第 4 回鶴岡市における言語調査報告書 発展的調査編』

佐藤亮一・米田正人・阿部貴人・佐藤和之・水野義道(2014)「俚言の馴染み度とアクセント型の個人差―鶴岡市調査から―」(日本方言研究会第 98 回研究発表会発表原稿集)

Skutnabb-Kangas, T.（1981）. *Bilingualism or not: The education of minorities*. Clevedon, Avon: Multilingual Matters.

米田正人・佐藤亮一・水野義道・阿部貴人・佐藤和之(2015)「鶴岡市方言における共通語の格助詞「に」にあたる用法―格助詞「サ」の用法を中心として(鶴岡の発展的調査から)―」(日本方言研究会第 101 回研究発表会発表原稿集)

津田智史・阿部貴人・佐藤亮一・水野義道・米田正人・佐藤和之(2016)「山形県鶴岡市方言におけるテンスとアスペクト―鶴岡の発展的調査から―」(日本方言研究会第 102 回研究発表会発表原稿集)

第4章
個人の言語変化をつかむ

横山詔一・中村隆・阿部貴人・前田忠彦・米田正人

1. はじめに

1.1 言語の大規模経年調査

第3章でも紹介されているように国立国語研究所と統計数理研究所は、山形県鶴岡市で「地域社会における方言の共通語化」に関する実態調査を経年的に実施してきた。鶴岡市は山形県の庄内地方南部に位置する（図1）。旧鶴岡藩（通称、庄内藩）の城下町で、文化・経済の中心都市として栄えた。

図1 鶴岡市の位置

鶴岡市で1950年の第1回調査から約20年間隔で2011年まで4回おこなわれた調査は、住民基本台帳などにもとづく無作為抽出サンプルを中心とした大規模なものである。世界中の言語変化に関する調査のなかで、鶴岡調査はデータの質と量の両面で群を抜いている。サンプリング調査はいずれも約400名前後を対象としたほか、同一人物への追跡調査（以下、パネル調査ともいう）もおこなってきた（国立国語研究所1953、1974、1994、2007）。

同じような調査デザインにもとづく言語調査はもう一つ存在する。それは国立国語研究所が愛知県岡崎市で過去3回おこなった大規模な「敬語・敬語意識の調査」である（その概要は本書第3部第6章に説明がある）。第1回調査は1953年に、第2回調査は1972年に、第3回調査は2008年に実施された。鶴岡調査や岡崎調査で収集された経年調査データは、言語変化や言語生活の推移をとらえるのに有用である（横山・真田2010；横山・朝日・真田2008）。以下、鶴岡調査における音韻とアクセントの結果を報告する。

1.2　見かけ上の時間と実時間

　図 2 は Chambers (1998) がカナダのゴールデン・ホースシュー地域で調査したデータである。グラフの縦軸は英語の動詞 sneak の過去形として sneaked ではなく snuck が使用される率を、横軸は年代層(世代)を示す。

　ここで言語形成期(以下、臨界期あるいは言語習得期ともいう)の重要性に着目して「言語形成期に習得した言語体系が現在の言語使用に反映されている」という仮定をおくと、snuck の使用率が急激に増加したのは約 50 年前であったと推定できる。その理由は次の通りである。図 2 で snuck 使用率の伸びが最大になっているのは 60 歳代から 50 歳代までの区間である。言語形成期は 10 歳前後だといわれていることから、60 歳をすこし過ぎた年代層が言語形成期を迎えたのは、60 歳から約 10 年をマイナスした約 50 年前と考えてよいだろう。約 50 年前に、その地域社会での snuck 使用率が急速に増加したと考えられる。

　言語変化に関する計量的研究の方法論は「見かけ上の時間(apparent time：見かけの時間ともいう)」によるものと「実時間(real time)」によるものに大別できる。見かけ上の時間による言語変化研究においては、言語形成期に習得した言語体系が現在の言語使用に反映されているという仮定のもと、1 回の共時的調査から過去の言語使用の姿を通時的に推定しようとする。その典型が図 2 に示したような研究である。一方、実時間による言語

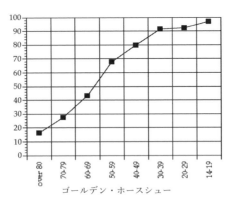

図 2　カナダ英語における語形交替の例(Chambers 1998)

変化研究においては、実際の時間経過にそって経年調査をおこなう。

1.3　分析の観点

　一般に、実時間による研究は手間やコストが大きく実現が困難であるため、見かけ上の時間による研究がよくおこなわれてきた。見かけ上の時間による研究は、言語形成期に習得した言語体系が現在の言語使用に反映されているという、いわば定説ともいえる仮定の上に立脚している。しかし、この仮定が共通語化においても成立することを実証的に示した研究はいまだ存在しない。この仮定の妥当性を直接的に検証する唯一の方法は、実時間調査だと考えられる。ある方言話者の成人後の共通語化を数十年間にわたって追跡し、言語使用の変化を実時間で経年的に観測することが必要不可欠である（以下、このような調査方法を縦断調査ということがある）。言語使用に変化がなければ、この仮定は妥当だと判断できる。変化する場合は、この仮定は妥当性を欠くという結論になる。

　そこで、ここでは40年間の追跡データを分析することにより、同一話者の言語使用に経年変化が生じているのか否かを計量的に検証する。追跡データは、鶴岡調査の第1回調査（1950年実施）から第3回調査（1991年実施）まで3回連続で参加した「鶴岡ネイティブ」の成人38名のデータが中心になる。ここで鶴岡ネイティブとは、言語形成期を鶴岡市で過ごした話者を指す。

　着目する要因の一つは「調査年」である。ある話者集団の成人後の共通語化をほぼ20年間隔で3回にわたって追跡したデータを統計的に検定することにより、調査年が新しくなると共通語化が進むのか、変化はないのか、方言化するのか、いずれであるかを判定する。言語形成期を過ぎた同一話者の共通語化を40年間以上追跡し、しかも統計的検定に耐えられる話者数を確保できた研究は海外には存在しない。

　もう一つの要因として「性差」を取り上げる。海外の先行研究によれば、女性の方が男性よりも共通語を志向する傾向が強く、言語変化をリードするという報告がある（Labov 1972; Trudgill 1974; Macaulay 1978; Newbrook

1986)。よって、鶴岡市における共通語化についても性差を検討することにした。同一話者を追跡したデータを用いて、共通語化における性差を実時間で分析した研究は本調査の他はいまだ皆無である。

2. 調査デザイン

2.1 扱うデータの範囲

第1回調査（1950）に参加した話者のうち第4回調査（2011）までの約60年間で4回連続して追跡に成功し、かつデータを収集できたのはわずか4名であった。生存者が少ないことと、生存者が高齢化しているなどの問題により、4回連続参加者のデータの収集は困難をきわめ、統計的な分析は断念した。したがって、ここでは第1回から第3回までの調査結果を報告し、以降は第4回調査のことにはふれない。

2.2 ランダム調査とパネル調査

鶴岡市における第3回調査までの人口は、第1回調査（1950年）が約96,000人、第2回調査（1971年）が約95,000人、第3回調査（1991）が約100,000人であった。このように鶴岡市は大きな人口変動のない、日本に点在する中小都市の典型である。

鶴岡調査のデザインを図3に示す。ランダムサンプルは、住民基本台帳などから系統抽出法により話者をサンプリングしたものである。一方、パネルサンプルは、ランダムサンプルに当たった話者をその後も経年的に追跡したものである。以下、パネルサンプルを「同一話者」あるいは「追跡データ」と呼ぶことがある。

図3と同じ調査デザインは、生涯発達心理学や老年学でも採用されることがあり、「コウホート系列法（cohort sequential method）」と呼ばれている。図3のようなコウホート系列法は、時代効果、加齢効果、世代効果の3者を分離することが可能な「もっとも効率的な調査法」として諸学界から高い評価を受けているが、鶴岡や岡崎の調査のほかには世界を見渡しても米国の

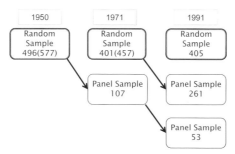

図3　サンプリング調査とパネル調査の構成

「シアトル調査」があるのみのようである。これは知能の生涯変化を探る目的で実施されている大規模プロジェクトである。基本的な調査設計は鶴岡や岡崎の調査と同様で、米国シアトル市で1956年から7年ごとに経年的におこなわれている (Schaie 1996; Schaie and Hofer 2001; Schaie and Willis 2001)。

　鶴岡調査のデザインの概要は以下のとおり（本書第3章でも紹介されているが、要点を念のため再度説明する）。

　第1回調査：物資配給表を用いて話者（サンプル）をランダム抽出し、496名からデータを収集した。図3の（　）内の数字は15歳〜24歳の話者数（サンプル数）を2倍にした数値で、調査報告書（国立国語研究所1953、1974、2007）に説明がある。

　第2回調査：第1回のサンプルを追跡調査し、107名からデータを収集した。さらに、住民基本台帳を用いて新たな話者をランダム抽出し、401名からデータを収集した。追跡データとランダムデータは計508名であった。図3の（　）内の数字は、先に述べたとおりである。

　第3回調査：第1回から連続して参加してきた話者を追跡調査し、53名からデータを収集した。第2回から参加した話者も追跡調査し、261名からデータを得た。さらに、住民基本台帳を用いて新たな話者をランダム抽出し、405名からデータを収集した。追跡データとランダムデータは計719名となった。

　なお、以下では第1回調査から第3回調査まで連続して参加した話者（パネルサンプル）のデータを扱うため、図3の（　）内に示された数値等と本研

究は関係がない。

3. 鶴岡ネイティブの分析

　ここでは鶴岡ネイティブのデータを分析する。言語形成期に鶴岡市以外で生活していた場合、とりわけ首都圏に居住していたケースは鶴岡ネイティブではない。鶴岡ネイティブとそうではない話者(共通語ネイティブ等)が混在しないよう、言語形成期の言語環境を鶴岡方言にそろえて分析をおこなう。

3.1　方法

　分析対象：第1回調査から第3回調査まで3回連続で参加した53名のうち、鶴岡市で言語形成期を過ごした話者を抽出して鶴岡ネイティブとした。本研究では言語形成期を満5歳から13歳とした。その結果、第1回調査から第3回調査まで3回すべてに参加した鶴岡ネイティブは40名(男性24名、女性16名)であった。成人後の共通語化を調べるために、第1回調査の時点で20歳未満だった2名(いずれも男性)を除外したところ、38名(男性22名、女性16名)が分析の対象となった。

　要因：2要因分散分析をおこなった。分析の要因は「調査年」と「性差」の2つであった。調査年は1950年、1971年、1991年の3水準、性差は男性、女性の2水準であった。同一話者を追跡したデータであるから、調査年は群内要因、性差は群間要因である。

　共通語化得点：音声に関する調査項目のうち「セナカ、ネコ、ハタ、カラス、ウチワ」の5項目については音韻とアクセントの両方のデータが記録・保存されている。そこで、注目する部分の発音を聴き取って共通語と同じ項目がいくつあるかを判定し、各話者の共通語化得点(0〜5点)とした。アクセントについても同様であった。

　調査項目の観点：音韻に関して発音に注目した部分は次の通りである。203「セナカ：「セ」における口蓋化の有無」、207「ネコ：非語頭におけるカ行有声化の有無」、210「ハタ：非語頭におけるタ行の有声化の有無」、

228「カラス：ウ段音における中舌化の有無」、231「ウチワ：イ段音における中舌化の有無」。一方、アクセントについては次の通り。203a「セナカ：共通語 LHH、方言 LHL」、207a「ネコ：共通語 HL、方言 LH」、210a「ハタ：共通語 LH、方言 HL」、228a「カラス：共通語 HLL、方言 LHL」、231a「ウチワ：共通語 LHL、方言 LLH」（L：Low、H：High）。

3.2 結果と考察

　男女別の生年の平均値は、男性 1917 年、女性 1913 年であった。年齢は女性の方が平均で 4 歳ほど上である。男女間で生年の平均値の差を t 検定したところ、有意差はみられなかった（$p < .17$）。男性群と女性群で平均年齢に差はないと考えてよい。

　次に共通語化得点を分析した結果を述べる。

3.2.1 音韻

　図 4 に鶴岡ネイティブの音韻共通語化得点の平均値を示す。グラフを視察すると、女性の得点が男性を上回っている。また、男性は調査年が新しくなるほど得点が低下している（方言化している）。分散分析の結果、性差がみられ（$p < .01$）、女性が男性よりも共通語化得点が高かった。調査年は有意ではなかった。交互作用も有意ではなかった。

3.2.2 アクセント

　図 5 に鶴岡ネイティブのアクセント共通語化得点の平均値を示す。グラフを視察すると、調査年が新しくなるにつれて得点が向上する。また、1991 年の調査（第 3 回）では女性の得点が男性を上回っている。分散分析の結果、調査年に主効果がみられ（$p < .01$）、1991 年の得点が 1950 年のそれよりも高くなっていた。これは調査年が新しくなると共通語化が進むことを示している。性差は有意ではなかった。交互作用も有意ではなかった。

　以上の結果をまとめると、音韻は同一話者において調査年が新しくなっても共通語化は進行しないことが示された。一方、アクセントは同一話者にお

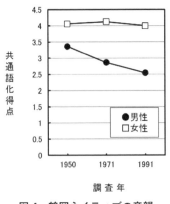

図4 鶴岡ネイティブの音韻共通語化得点

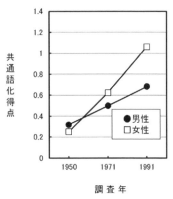

図5 鶴岡ネイティブのアクセント共通語化得点

いて調査年が新しくなると共通語化していくことが明らかになった。「言語形成期に習得した言語体系が現在の言語使用に反映されている」という仮定を音韻のデータは支持し、アクセントのデータは否定するという結果になった。

4. 追跡データ全体の分析【参考データ】

第1回調査から第3回調査まで3回連続で追跡できたデータの全体を分析する。追跡データは、第1回調査時に成人であった鶴岡ネイティブ38名(図4と図5のデータ)、第1回調査時に未成年であった鶴岡ネイティブ2名、そして鶴岡ネイティブではない話者13名の計53名である(横山・井上・阿部 2010)。

4.1 方法

分析対象:第1回調査から第3回調査まで3回すべてに参加した話者53名(男性29名、女性24名)。

要因:2要因分散分析をおこなった。分析の要因は先に述べた鶴岡ネイティブの分析と同じく「調査年」と「性差」の2つであった。調査年は

1950 年、1971 年、1991 年の 3 水準、性差は男性、女性の 2 水準であった。
同一話者の追跡データなので調査年は群内要因で、性差は群間要因である。

共通語化得点：鶴岡ネイティブの分析と同様にした。

4.2　結果と考察

　男女別の生年の平均値は、男性 1918 年、女性 1914 年であった。年齢は
女性の方が平均で 4 歳ほど上である。男女間で生年の平均値の差を t 検定し
たところ、5 % 水準では有意ではなかったが、有意な傾向がみられた
（$p < .06$）。よって、男女間で年齢の平均値に差がないとは明確に言い切れな
い。以下の分析で性差に有意差がみられたとしても、性差の効果なのか、年
齢差の効果なのか判然としない部分が残されている点に留意すべきである。

　次に共通語化得点を分析した結果を述べる。

4.2.1　音韻

　図 6 に音韻共通語化得点の平均値を示す。グラフを視察すると、女性の
得点が男性を上回っている。また、男性は調査年が新しくなるほど得点が低
下している（方言化している）。これは鶴岡ネイティブの図 4 とよく似たパ
ターンを示している。

　分散分析の結果、調査年に有意な傾向の主効果があった（$p < .10$）。共通語
化得点は 1991 年の方が 1950 年よりも低くなり、調査年が新しくなると方
言化することが示唆された。また、性差に主効果があり（$p < .01$）、女性が男
性よりも共通語化得点が高かった。ただし、先に述べたように、ここでの分
析では性差の効果なのか年齢差の効果なのかが分離できていないことに注意
が必要である。交互作用は有意ではなかった。性差に有意差がみられた点は
図 4 に示した鶴岡ネイティブの結果と一致する。

4.2.2　アクセント

　図 7 にアクセント共通語化得点の平均値を示す。グラフを視察すると、調
査年が新しくなるにつれて得点が向上する。性差についてははっきりしない。

分散分析の結果、調査年に主効果がみられた（$p < .01$）。得点は1991年の方が1950年よりも高くなっていた。これは調査年が新しくなると共通語化が進むことを示している。性差に有意差はなかった。交互作用も有意ではなかった。これらの結果は図5に示した鶴岡ネイティブの分析結果と一致する。

　ここでは、鶴岡ネイティブとそうではない話者をあわせて分析した。鶴岡市民の母集団を念頭において分析する場合は、鶴岡ネイティブではない話者を含めるのが当然のことである。ここで取り上げたデータは同一話者を鶴岡市において追跡したデータであり、鶴岡市民全体の共通語化をとらえる際には欠かせない資料だと言えよう。

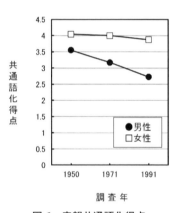 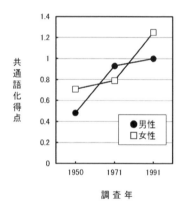

図6　音韻共通語化得点　　　　図7　アクセント共通語化得点

5. 総合的考察

　鶴岡ネイティブの分析結果を中心に要約すると次のようになる。音韻の共通語化について調査年の効果は有意ではない。性差があり、女性が男性よりも共通語化が進んでいる。アクセントの共通語化については調査年の効果があり、成人後も生涯にわたって共通語化が進む。性差はない。

5.1 見かけ上の時間について

　アクセントについては調査年の要因に明確な有意差がみられ、言語形成期を過ぎた後でも同一話者のなかで共通語化していくことが明らかになった。このことから、「言語形成期に習得した言語体系が現在の言語使用に反映されている」という仮定はアクセントの共通語化については妥当ではないと結論づけられる。アクセントの変化については、実時間による研究が必要不可欠だと言えよう。

　一方、音韻については調査年の要因に有意差はなかった。音韻の共通語化に関しては「言語形成期に習得した言語体系が現在の言語使用に反映されている」という仮定を否定する証拠はないと考えられる。音韻の変化については、見かけ上の時間による研究が成立すると言えよう。

　言語形成期を過ぎた後の言語変化については、長期間の追跡データではないが、話者の発音が言語形成期を過ぎた後も言語共同体全体の変化と同じ方向に変化するという報告（Boberg 2004; Sankoff 2006）がある。また、見かけ上の時間による調査は変化の速度を過小評価する傾向があるという説（Sankoff 2006）も出されている。日本では、江川（1973）が、鶴岡市における第1回調査と第2回調査のランダム調査データを用いて、言語形成期を過ぎたといわれる年齢層においても、なお共通語化が進行している可能性を指摘している。

5.2 性差について

　音韻については、男性よりも女性の共通語化が進んでおり、女性が共通語を好み、共通語化を牽引するという先行研究の知見と一致した。男性の音韻では共通語化得点が低下していることから、年齢を重ねることによって方言化している可能性がある。Downes（1984）は、方言（地元の変種）の使用は30歳から45歳あたりにかけては急速に減少するが、その後は増加に転じて高年層になるにしたがって上昇すると報告している。この現象は、働き盛りの社会的活躍層が共通語（標準形）を志向・使用し、リタイア（定年退職）後は方言（地元の変種）の使用に戻るためだと説明できる（Holms 1992）。本章の検

討では、この傾向が男性の音韻共通語化の結果の一部にみられた。男性の活躍層は公的な社会活動に参加する機会が多く、社会的責任も大きいため共通語を志向・使用するものの、定年退職が近づくにつれて方言化していくのかもしれない。ちなみに、第 2 回調査が実施された 1970 年代の定年退職の年齢は 55 歳が一般的だった。

5.3 コウホート分析との関係

アクセントの共通語化に調査年の効果がみられた。調査年の効果は、さらに「時代効果」と「年齢効果」に分離すべきであるが、本研究のような追跡データに適用できる解析手法はまだ開発されていない。ここで時代効果とは、時代の違いによる影響を指す。鶴岡市における 1950 年調査と 1971 年調査では、テレビ普及率に格段の差があった。これは時代効果の典型例である。一方、年齢効果とは、加齢の影響を指す。1920 年生まれの人が 1950 年に調査を受けたならば年齢は 30 歳であるが、同じ人が 2011 年に調査を受けると 91 歳になっており、記憶などの認知機能に違いがある。

図 2 のようなコウホート系列法で収集したデータのうち、ランダムサンプルについては中村（1982、2005）のコウホート分析を適用することによって世代効果、時代効果、年齢効果の 3 者に分離できる。将来的にコウホート分析を追跡データに適用できるようになった時点で、アクセントの共通語化にみられた調査年の効果を時代効果と年齢効果に分離し、より綿密な検討がなされることに期待したい。

5.4 今後の課題

第 1 回調査がおこなわれた 1950 年と現在では「共通語」そのものが変化している可能性もある。第 4 回鶴岡調査（2011）の「ウチワ（団扇）」の結果によれば、「伝統的な」共通語アクセントである LHL は減少し、LHH が多数派を占めた（ランダムサンプリング調査報告書：統計数理研究所・国立国語研究所 2014）。ウチワの LHH は、第 1 回と第 2 回調査では 1％に満たなかったが、第 3 回調査では約 20％に達している（国立国語研究所 2007）。首

都圏でもウチワの LHH は増加傾向を示し、「新しい」共通語アクセントの
地位を固めつつあると考えられる。このような共通語の変化については、今
後の研究において、さらに綿密な検討がおこなわれることを期待したい。

【付記】 この章は『計量国語学』に掲載された次の論文を計量国語学会の許諾を得た
うえで転載したものである(内容の一部を改訂した)。
横山詔一・中村隆・阿部貴人・前田忠彦・米田正人(2014)「成人の同一話者を 41 年間
　　追跡した共通語化研究」『計量国語学』29(7), 241–250

参考文献

Boberg, Charles (2004) Real and apparent time in language change: Late Adoption of
　　Changes in Montreal French. *American Speech*, 79, 250–269.

Chambers, J. K. (1998) Social embedding of changes in progress. *Journal of English Linguis-
　　tics*, 26, 5–36.

Downes, W. (1984) *Language and Society*. London: Fontana.

江川清(1973)「最近 20 年間の言語生活の変容—鶴岡市における共通語化について—」
　　『言語生活』257, 56–63.

Holms, J. (1992). *An Introduction to Sociolinguistics*. London: Longman.

国立国語研究所(1953)国立国語研究所報告 5『地域社会の言語生活—鶴岡における実
　　態調査—』秀英出版

国立国語研究所(1974)国立国語研究所報告 52『地域社会の言語生活—鶴岡における
　　20 年前との比較—』秀英出版

国立国語研究所(1994)国立国語研究所報告 109–1『鶴岡方言の記述的研究—第 3 次鶴
　　岡調査報告 1—』秀英出版

国立国語研究所(2007)国立国語研究所報告『地域社会の言語生活—鶴岡における 20
　　年間隔 3 回の継続調査—』

Labov, W. (1972) *Sociolinguistic patterns*. Philadelphia: University of Pennsylvania Press.

Macaulay, R. K. S. (1978) Variation and consistency in Glaswegian English. In Trudgill, P.
　　(ed.). *Sociolinguistic Patterns in British English*. London: Edward Arnold. 132–143.

中村隆(1982)「ベイズ型コウホート・モデル—標準コウホート表への適用—」『統計数
　　理研究所彙報』29(2), 77–97.

中村隆(2005)「コウホート分析における交互作用効果モデル再考」『統計数理』53(1),
　　103–132.

Newbrook, M. (1986) *Sociolinguistic reflexes of dialect interference in West Wirral*. Frankfurt:

Peter Lang.

Sankoff, G. (2006) Age: Apparent time and real time. *Encyclopedia of Language and Linguistics*, 2nd edition, 110–115, Oxford: Elsevier.

Schaie, K. W. (1996) *Intellectual development in adulthood: Seattle longitudinal study*. New York: Cambridge University Press.

Schaie, K. W., & Hofer, S. M. (2001) Longitudinal studies in aging research. J. E. Birren, & K. W. Schaie (Eds.), *Handbook of psychology of aging*. 5th ed. California: Academic Press. 53–77.

Schaie, K. W., & Willis, S. L. (2001) *Adult development and aging*. 5th ed. New Jersey: Prentice Hall.【シャイア＆ウィルス，岡林秀樹(訳)(2006)．成人発達とエイジング 第5版，ブレーン出版】

統計数理研究所・国立国語研究所 (2014)『第4回鶴岡市における言語調査 ランダムサンプリング調査の概要 資料編：第1分冊「音声・音韻」編』

統計数理研究所・国立国語研究所 (2015)『第4回鶴岡市における言語調査報告書 資料編：第2分冊「語彙・文法・言語生活項目」編』

統計数理研究所・国立国語研究所 (2016)『第4回鶴岡市における言語調査報告書 発展的調査編』

Trudgill, P. (1974) *The Social Differentiation of English in Norwich*. Cambridge University Press.

横山詔一・真田治子 (2010)「言語の生涯習得モデルによる共通語化予測」『日本語の研究』6(2)，31–45.

横山詔一・朝日祥之・真田治子 (2008)「記憶モデルによる敬語意識の変化予測」『社会言語科学』11(1)，64–75.

横山詔一・井上文子・阿部貴人 (2010)「言語生活の生涯変化は多変量解析で予測可能か：アクセントや敬語意識を例に」『日本行動計量学会大会発表論文抄録集』38，70–73.

YONEDA, Masato (1997) Survey of standaadisation in Tsuruoka, Japan: Comparison of results from three surveys conducted at 20-year intervals. *Japanese Linguistics* 2, 24–39（「鶴岡市における共通語化の調査―約20年間隔で行われた3回の調査を比較して―」『日本語科学』2: 24–39、国書刊行会）

第 5 章
共通語化のスピード

井上史雄

　この章では、音韻の共通語化についての大量調査データに基いて、音韻変化・共通語化の完成に、何年ぐらいかかるかを見る。山形県鶴岡市での共通語化調査が源流になり、言語変化が実証的に確認された。共通語化は S 字カーブを描いて進むという仮説を利用して、ほぼ 100 年以上かかると推定できた。

1.　はじめに　言語変化と S 字カーブ

　山形県鶴岡市での国立国語研究所の 4 回にわたる調査、およびその近郊山添（やまぞえ）地区での井上他による 3 回の調査で、言語変化の諸相を実時間調査によって観察できた。共通語化の様々な段階を実証的にとらえることができたが、ここではその結果のうち音韻現象の共通語化を扱う。言語変化は S 字カーブの形で、似た現象ならほぼ同じスピードで進行するという仮説に従って、2 カ所の計 7 回の調査結果を検討した。そのカーブをグラフ上で配列し直す手法により、共通語化の完成には 100 年以上かかるという結論が導き出された。

　言語使用の年齢差に関して、これまで多くの実地調査が行われてきた。変化の急なものも、ゆるやかなものもあることが知られており、語の使用頻度数・使用場面と関係がありそうなことも分かった（井上 2001）。ただ、現象ごとの多様性に目を奪われて、言語変化の規則的な性質についての考察は十分ではなかった。まず、音韻項目という比較的等質なデータをもとに、変化の早さ、つまり所要年数について一般化して考察する。

2. 言語変化のS字カーブモデルの研究史

　言語変化は言語学の古くからの関心の対象だったが、最近の社会言語学的アプローチにおいて、進行中の音韻変化が扱われることによって、清新な見方が出てきた。欧米の社会言語学的研究の出発点には、Labov（1966）、Trudgill（1974）に代表されるような変異 variation の実地調査がある。これはそれまでの方言研究・言語地理学の研究方法の精緻化をきっかけとして生まれた視点で、社会的変異は歴史的変化の反映としてとらえられた。年齢差は見かけ（の）時間 apparent time に過ぎないので、実時間 real time の言語変化を扱うべきことが提唱され（Chambers and Trudgill 1980）、理論的に区別された[1]。継年調査の繰り返しによる実時間変化の報告は多くなかったが、その後いくつかの例が紹介された（Labov 1994）。

　一方日本の社会言語学は初期には言語生活研究の形をとり、そのテーマの一つとして共通語化がとりあげられた。社会言語学的実態調査が戦後まもなくから行われたために、その後の追跡調査による実時間の変化を考察できる。国立国語研究所の鶴岡調査では合わせて4回の調査が行われた（国立国語研究所 1953、1974、2007、鶴岡市における言語調査研究グループ編 2014、米田 1997）。発音・文法・語彙などについて、60年にわたる実証的な継年調査資料が得られた。実時間の言語変化が分かり、年齢差という見かけ時間との突き合わせも可能という、得難い研究である。共通語化については、鶴岡調査を出発点として、これまでさまざまなモデルが提唱された（柴田 1978、江川 1973、野元 1975、Nomoto 1975、井上 2000）。共通語化と場面差との関係についても井上（1994、2000）の論がある。

　出発点になったのは柴田モデル（柴田 1978）である。共通語化の年齢構造のうち、鶴岡第1回調査の結果、図1の線bのようなパターンに着目した。必ずしも一番若い世代が共通語化を一番進めるわけでなく、「社会的活躍層」が改新のトップになると説明した。柴田モデルは、線bが将来どうなるかという興味を与え、追跡調査の必要性を示唆した。約20年後に、本格的実時間調査として鶴岡第2回調査が行われた。鶴岡第2回調査の結果は

図1の線cのようなパターンを示した。その年齢差を基盤にして、江川・野元モデルが提出された(江川1973、野元1975、Nomoto 1975)。図1はそれを改訂したものである。そのモデルによると、共通語化が進行すると、年齢と共通語化がほぼ(反)比例する1次直線の形をとり(図1、線c)、さらに進行すると、変化は行き着いた形になって、水平線になると考えられた(図1、線d)。また、2度の調査の比較(跳ね上がり)から、言語形成期以降も若い人は共通語発音を新たに身につけることが指摘された。

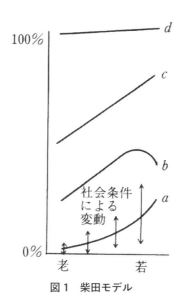

図1　柴田モデル

その後井上は下北半島上田屋(かみたや)の調査をもとに、場面的な使い分けを変動として処理する形で、共通語化を扱った(井上2000)。変化の初期段階で、ことに話者の社会条件による偏差が大きくなると考えられた。これを図1線a加筆の矢印で示した。この4本の線を左右に展開して並べると、図2のようなS字カーブを示す。

人文事象一般を扱う普及学では、普及のS字カーブが提示されていた(ロジャーズ1971)。統計学でいう正規分布を累積曲線に直したものである。Aitchison(1981)は、これを応用し、S字カーブが言語変化にもあてはまる

という見通しを示した。その後S字カーブの理論は言語研究の様々な部門に適用された。久屋(2016)に詳しい。

S字カーブのモデルは、1時点での年齢差という見かけ時間を、繰り返し調査という実時間によって再配置しても適合するはずである。結論を先取りして、実時間・見かけ時間双方を組み込んだモデルを図2で説明する。図2は図1の共通語化の段階(a、b、c、d)をS字カーブをなすようにずらしたものである。SHISEIDOというブランド名のロゴマークは、二つのS字が横長に傾いたSの形をしていて、S字カーブの説明に便利である。以下ではこのモデルに従って、論を進める。

図2は、青森県下北半島上田屋の2度の全数調査(1回目は柴田武・川本栄一郎・加藤正信・加藤貞子・井上史雄による、2回目は工藤慶子による)をもとにして提示されたものである(井上2000)。

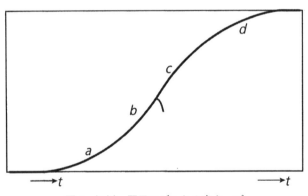

図2　江川・野元モデルとS字カーブ

一方言語変化の普及につれて、社会の受け入れ方、態度も変化する。図3に示すように、S字カーブを言語変化の普及過程と結び付けることもできる。変化は社交ダンスのステップのように slow - quick - quick - slow のペースで進む(Aitchison 1981)。最初の数％の使用率のときは「言いまちがい」と解釈される。4分の1ほどに増えると「誤用・乱れ」として騒がれる。半数が使う段階だと「ゆれ」と位置付けられる。4分の3ほどになると「慣

用」と認められる。95％ほどが使うとなれば、「正用」扱いである。この5段階の経過期間は同じではない。図3のように考えると、4分の1に達するまでと4分の3から増える段階はslowのペースで、時間がかかる。しかし4分の1から先、特に半数ほどの段階だと変化は急速に進む。つまり世間の人が気づいた段階はすでに急速に普及しはじめている。共通語化の普及についても同様である。

つまりある時点で年齢差という見かけ時間で観察される言語変化は、長い時間のかかる大きな言語変化の一部分であり、現象によって変化の初期・中間・終末段階を観察することになる。

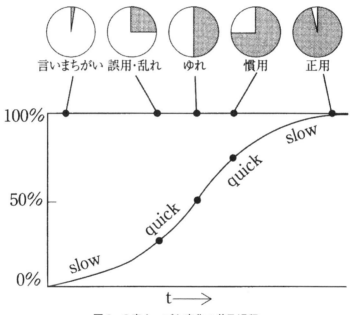

図3　S字カーブと変化の普及過程

3. 鶴岡調査と山添調査のS字カーブ

以下では、山形県鶴岡市とその近郊山添地区の音韻項目の現地調査結果により、実時間と見かけ時間の関係を実際に確認しつつ、S字カーブによる変

134 第 2 部　世界最長の実時間研究

化の普及モデルをあてはめて、言語変化の完成までにかかる年数を考える。
全体としては 100 年以上かかるという結果が出たが、個々の現象に分解し
て考察するともっと早い場合もある。調査結果の年齢差を考察し、言語変化
が完成するまでの時間(所要年数)を考える。

3.1　鶴岡調査と山添調査　調査概要

　鶴岡と山添の数次にわたる実時間の変化を示すデータに関して、調査の方
法・性質について略述する。表 1 に示すように、山形県鶴岡市では、国立
国語研究所により共通語化調査が 1950 年、1971 年、1991 年、2011 年に行
われた。山添調査は、鶴岡市近郊の農村旧櫛引町山添地区と鶴岡市外内島
(とのじま)地区で 1976 年と 1991 年、2007 年に実施された(井上 2000)。鶴
岡調査と同じ項目をほぼすべて採用したので、同じ音韻 31 項目の世代別平
均点を比較できる。なお国立国語研究所による 1950 年の山添調査資料が発
見されたので、第 0 回の調査と数える。

　国立国語研究所の 1950 年鶴岡調査は、1924 年に市制施行された地域「旧
市内」で実施された。鶴岡市は 1955 年(昭和 30 年)の昭和の町村合併で広
がったが、その後の調査地域も「旧市内」である。2005 年の平成大合併で、
櫛引町山添地区も鶴岡市になり、東北地方で最も広い面積の市になった。

表 1　鶴岡調査山添調査　年表

鶴岡第 1 回	1950	山添第 0 回	1950
鶴岡第 2 回	1971		
		山添第 1 回	1976
鶴岡第 3 回	1991	山添第 2 回	1991
		山添第 3 回	2007
鶴岡第 4 回	2011		

3.2　鶴岡調査の結果　音韻・アクセントの絶対年代移動法

　言語変化に S 字カーブが適用されると考えると、異なった言語現象のカー

ブは、それぞれ長期間にわたる変化の一部分を示すという仮説が考えられる。鶴岡調査も山添調査も、音韻(発音)項目は狭義の音韻項目とアクセント項目に分けられる。調査結果を見ると、狭義の音韻項目のカーブはS字カーブの右半分(普及後期)、アクセント項目のカーブはS字カーブの左半分(普及前期)に該当すると、考えることができる。アクセントは正書法で示されないこともあり、全体として普及が遅れたという仮説による。つまりアクセントは、共通語化の初期段階で、音韻の数十年前の状況に対応する。実際に、アクセントは音韻に数歩遅れて同様の変化をたどっているかに見える。これを検証するために、カーブのパターンに従って言語現象を並べ変えた。音韻のカーブ(の年代)を右に平行移動すると、アクセントと音韻がつながって、一連の変化カーブを示す。

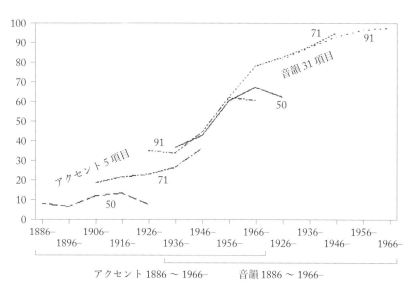

図 4 鶴岡の音韻・アクセントの絶対年代移動法
(図中 50,71,91 は 3 回の調査の実施年)

図4に、いくつかの試みのうち、アクセントと音韻のつながりが図上でもっとも整合性のあったものを示す。1991年のアクセントと1950年の音韻共通語は、全体の普及率と10代で下がるパターンがよく似ている。普及率

が50%前後になるのは、音韻では1906年生れ世代で、アクセントでは1946年生れ世代である。これを近い位置(50年差)に設定した。全体として、S字カーブに近似したパターンを示し、はじめは普及がゆるやかで、途中で速まり、最後にはまたゆるやかになる。これで見ると、ある地域社会に言語変化が広がり普及するまで(1886年以前から1966年までプラス50年で)100年以上の所要年数がかかるように見える。(ただし、アクセントの20年後の跳ね上がり現象がないとしたら、アクセントの普及はもっとゆっくりだったろう。アクセント項目を20年程度左に伸ばしていい。つまり全体では200年近くかかることになる。)以上は項目全体としての結果で、個々の音韻現象ごとだと、変化はもっと早いと考えられる。

以上鶴岡調査の結果を絶対年代移動法により分析してみた。

3.3 山添調査の結果　音韻・アクセントの絶対年代移動法

次に鶴岡市近郊農業地区の、山添調査の結果を絶対年代移動法により分析してみる。図5に、山添地区の音韻的共通語31項目とアクセント5項目の2現象を、絶対年代を移動して示す。鶴岡の図4に対応する図である。年齢

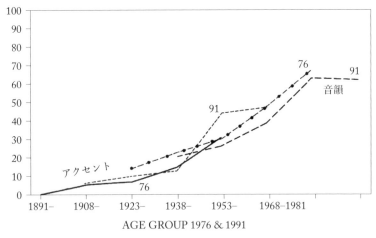

図5　山添の音韻・アクセントの絶対年代移動法

層が 15 年きざみなので、アクセントを左に 30 年ずらして図化した。

　全体として、S 字カーブを集積したかたちを示す。グラフの左右で全部で 100 年以上になるが、それでも変化は頂点に達しない。山添地区全体として鶴岡調査の前半の段階と言える。

　こうして、都市部と農村部の差が大きいことが分かる。山添地区は、鶴岡旧市内にくらべると、約 10 ～ 20 年遅れて共通語化が進行していると考えてよい。農村地区の山添では共通語化が完成するには、120 年以上は必要と考えられる。

4.　言語変化の所要年数についての規定要因

　100 年強というのは約 4 世代であるが、言語現象による違いが考えられる。これまで、語彙項目で普及(伝播)速度の違いが論じられた。また山形県内陸地方、最上地方の文法(形態音韻論的)現象(ミンベからミッペへの変化)では(井上 1985)、広い地域で、2 世代で交代する現象が観察された。移住という特殊な場合だと、北海道の語彙で 1 世代で交代した例や(井上 1985)、ハワイ・沖縄では 3 世代で言語体系そのものが交代する例がある。言語変化は、一定の条件下の個別現象では早く進むと考えられ、従って、100 年以上という数値を言語変化一般に広げるのは短絡的である。

　では、なぜ、鶴岡・山添の共通語化の所要年数が 100 年以上になったのか。これには、以下に示す様々な事情が働いていると、考えられる。以下三つの場合を説明する。以下では図の提示を略す。詳しくは井上(2000)を参照。

4.1　言語現象の普及速度による差

　第 1 に、単語ごとに変化が進行する場合に、多くの単語を合わせて、変化していない現象まで含めて平均値をみると、見かけ上の所要年数は長くなる。しかし個々の言語現象、個々の単語について分析すれば、変化の所要年数の短いものがある。

138 第2部 世界最長の実時間研究

　言語変化の速度に規則性が認められるかについては、古くからの議論がある。基礎語彙統計学(言語年代学)でやや時期尚早な主張がなされたためもあり(服部1959)、方言研究では、単語ごとの独自性が論じられた。その後語彙分野などによる傾向性が指摘され(井上2001)、大まかな速度・年数が提案されている(徳川1993、1996)。確かに各種の言語現象について実地調査が進むにつれ、変化の早さに様々あることが分かったが、一時的流行語や(井上1994)、イク：ユクのように長期的に並存する現象の両極端を除けば、変化の速度、普及の年数については一応の傾向性が見られる。

　年齢差をみる研究によると、2世代で交代する現象がよく観察される(井上1985)。一時期の年齢層別調査で、語形が完全に入れ代わる現象は、鮮やかなので記憶に残るが、それがすべてではない。老年でも若年でも並存していて、変化年数が長そうな現象もある。

　言語地理学の古典的テーゼによれば、語はそれぞれ独自の歴史を持つ。文法の変化も音韻の変化も究極的には、各語形、各活用形の変化とみなすことができる。実際鶴岡・山添の音韻・文法・語彙に関するグラフを考察すると、まったく同じカーブを示すものは見当たらない。似たカーブを示す現象も、各家庭の配置を横軸にとり、個人の年齢を縦軸にとった最小のグロットグラムを作って、一人一人を比較すると、同じ回答パターンの項目は存在しない。調査場面での偏差もあるが、そもそも言語の習得に際して、周囲の個々の用例に接して身につけることを思えば、当然の個人差である。このような個人の個々の単語の変化・共通語化の積み重ねで、地域社会の言語体系全体の変化・共通語化が進む。

4.2　言語変化の絶対年代の時代差

　第2に、A、B、Cの3単語の変化の開始・終了の絶対年代が、少しずつずれている場合は、個々の単語は約50年で変化が完成したとしても、全体の平均値を計算すると、100年かかることになる。このように多くの単語、しかも古い時代の方言自体の変化から現在進行中の共通語化まで入れれば、所要年数はさらに長くなる。

鶴岡音韻項目は選択が適切で、1950年の老年層では共通語化が非常に低かったが、のちの世代では100%近くに達した。しかし、もしその共通語化の流れとずれるガ行鼻音などを集計に含めていたら、全体としての変化はさらに遅れていただろう。現在の鶴岡・山添の若い世代の一部がガ行鼻音を失いはじめている(国立国語研究所2007)。東北方言域各地でも失いつつある(井上1994)。

4.3　集団の大きさと調査地域の複雑さ(等質性)

　第3に、調査地域が言語的に複雑な場合も所要年数が長くなる。その1は集団の言語的構成が複雑なケースである。地元民では一般的な速度で共通語化が進むが、言語的に不動の(共通語・方言を使い続ける)2集団があると、地域全体として1時点の(前後60年程度の)年齢差を見る限りは、100年たっても共通語化は完成しない。

　その2は、一個人内で(または地域社会全体として)、方言と共通語が場面に応じて使い分けられているケースである。調査の場面を、ある集団は共通語のみがふさわしいと位置づけ、ある集団は方言のみがふさわしいと位置づけ、その中間の集団で方言から共通語への変化が起こっている場合である。この場合も同様に、見かけの所要年数は長くなる。

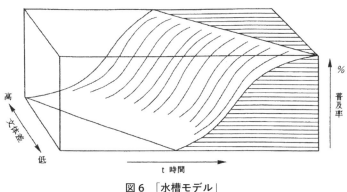

図6　「水槽モデル」

4.4 言語変化の水槽モデル

　現代の共通語化は、場面差・文体差をともなって普及している。実際には、場面・文体の使い分けには個人差があって、離散的ではなく、連続的である。図6「水槽モデル」でその様子を示した。上下の軸は普及率を示し、左右の軸は時間を示す。左が時間的に早い段階、右は行き着いた段階である。S字カーブモデルが適用されると考えて図化した。共通語化の場合は、奥行きにあたる文体的に高い場面から普及が始まる。ただ場面自体の普及にもS字カーブモデルが適用される可能性がある。実際の言語調査の場面では、話者と調査者の関係は多様だし、その場面にふさわしいことばの位置づけも多様でありうる。手前から奥にかけてのS字カーブのどの部分が使われるかが、ランダムに規定されるとすれば、調査結果の見かけのS字カーブはもっとなだらかになり、共通語化の所要年数は長くなる。これに近い3次元のS字カーブについては、横山・真田(2007)を参照。

　以上いくつかの場合を想定したが、いずれにしても、調査語が多様であり、地域社会の言語的構成が複雑で、使い分けが行われている場合は、見かけの所要年数が長くなる。鶴岡・山添の共通語化に100年以上かかると見えたのも、上の事情が働いたためと考えられる。全体をならしてみて、所要年数は100年以内とみるのが適切であろう。

　以上のような留保が必要であって、言語変化は、理想的な条件ではもっと早く進むと考えられる。100年以上というのは、諸現象全体としての「共通語化」の所要年数と考えるべきである。

4.5 地理的伝播のS字カーブ

　この変化所要年数についての発想はさらに日本全国の共通語化にも適用可能である。1990年代半ばに全国の中学生と保護者から得た大規模なデータによる研究を公にした(井上1997)。江戸時代以来の古方言の衰退のデータと照合しても矛盾しない(井上2000)。ことばの変化・伝播の早さ・タイムスパンについては、『糸魚川言語地図』(柴田1988、1990、1995)の解説・解釈に接して以来疑問だったが、前節で述べた変化所要年数の考え方によっ

て、やっと見当がついてきた。

　また『日本言語地図』による共通語化の河西データによると(井上2001)、地理的伝播にも S 字カーブが適用されそうである。鉄道距離によって図化すると、西日本クラスターはなだらかで、東京クラスターはけわしい。重力モデルとして距離の二乗に反比例する可能性がある(井上2004)。

5.　新方言の発見

5.1　鶴岡調査における新方言項目

　本書で話題になっていないテーマがある。新方言である。鶴岡第4回調査の企画書でも言及がなかった。しかし言語変化研究からいうと、一番面白い現象と考えられる。共通語化は上からの言語変化 change from above で、新方言は逆に下からの言語変化 change from below である(Labov 1966、1994)。しかも眼前で進行中の言語変化で、言語史上常に起こってきた変化を、眼前で観察できる(井上1998)。

　新方言の年齢差が実証的に確かめられたのは1964年下北半島上田屋の調査で、その後追跡調査が行われて、生年でいって約100年の推移が分かる。モチョカリ(くすぐったい)の普及がほぼ S 字カーブをなすことが確かめられた(井上2000)。しかし3回目の調査のときには共通語形の進出によって衰退したので(井上2011)、普及しつくすまでの過程は実証できなかった。実時間調査の繰り返しによってコーホート(cohort 同時期出生集団)の変化を観察できるデータは意外に限られている。

　中部地方発祥のら抜きことばを新方言と見なせば、東京付近でも S 字カーブの最初から最後までを観察できる(井上1998)。単語によって普及率(開始時期)がずれるので、いくつかの単語の年齢カーブを合成することによって、1時点の調査結果をもとに変化の S 字カーブを実証することも可能である(井上1998)。

　鶴岡の語彙文法項目でも新方言が発見された。第2回鶴岡調査の報告書では、方言的な回答の増加が一部項目でみられたが、調査企画段階では考え

てもいなかった現象で、整理段階でも視野になかった。1970 年代初頭には、方言は衰退する一方と考えられていたのである。そのため、回答者のサービス精神で説明しようとした (国立国語研究所 1974)。しかし 1964 年の下北半島での方言形進出が例外でないことが、1970 年代の北海道海岸部での大量調査で明らかになり、方言調査文献を読み直すことにより、全国で新方言が発生し、普及しつつあることが分かった (井上 2000)。また同じ言語現象が地方から東京に流入する過程では「ことばの乱れ」として非難されるメカニズムも分かった。地質学の「斉一性の原理」を援用した言語変化理論の位置付けがあって、調査項目に偶然取り入れられた現象が、鶴岡の「新方言」だと指摘できた。新方言にも S 字カーブが適用されるかなど、新たな分析視点を開く。幸いに第 4 回調査で新方言項目が削除されることはなかった。

5.2　鶴岡調査「強かった」の新方言における S 字カーブ

　鶴岡調査での新方言は、例えば「ツエガッタ」から「ツイェッケ」(強かった) への変化である。第 1 回から第 3 回までの結果をコーホートによって図 7a、7b に示した。前半「強―」、後半「―かった」ともに、若い世代に多

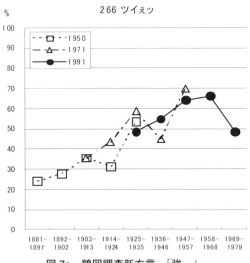

図 7a　鶴岡調査新方言　「強―」

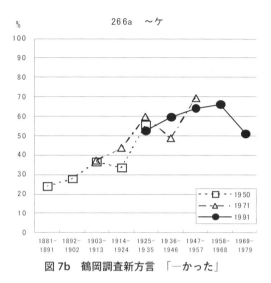

図7b 鶴岡調査新方言 「—かった」

く、調査を繰り返すたびに増えている。図7a、7bともに、S字カーブの一部分を形成するように見える。100年近くかけてS字カーブを描く。変化のS字カーブの汎用性、普遍性を表す。

ただし一番若い世代が必ずしも一番大きい数値を示すわけではない。サンプル数の少なさによる誤差の可能性もあるが、鶴岡音韻共通語項目の「社会的活躍層」による採用と、共通する現象である。世論調査で10代の使用が20代以降よりも多い場合でも、10代前半（中学生）をも調査対象にすると、使用のピークになることは少ない。新方言も、導入するのはやや上の世代（高校生以降または20代）であることが多い。図7a、7bで観察されたとおりである。

S字カーブを合成するときに、（ことに普及の中期に）若い世代の数値の小ささが観察されるのも、普遍的な現象かもしれない。

なお敬語をはじめとする社会言語学的行動には、もっと上の世代がピークになる現象がよく観察され、「敬語の成人後採用」として提示された（井上2017、井上編2017）。

庄内方言調査では他にも新方言の普及が見られた。「べ」の進出が典型で

ある(井上 2011)。山形県内陸方言受容の過程と見られる。日本海航路で京阪につながった「庄内藩」という意識から、陸路東京に目を向けた「山形県」意識への変化を反映するといってよい。全国各地でかつて起こった現象だろうが、山形県というレベルで、具体的に観察できた。

5.3 山添調査の新方言におけるS字カーブ

鶴岡近郊の山添地区では15年間隔で調査してあるので、第3回調査を含

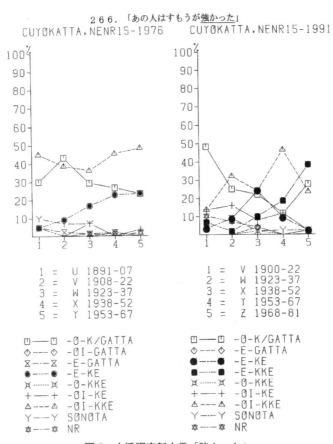

図8 山添調査新方言「強かった」

左1976年調査　右1991年調査
年齢層を15年ごとに区切って、UVXYZのラベルを付けた

め、コーホートによるグラフを作れる。図8の2枚の山添グラフは、「ツエッケ」への変化が1976年から1991年にかけて10%から40%程度に変わったのみであることを示す。鶴岡旧市内（図7a、7b）と同じ変化が近郊農村でも起きているが、数10年ほど遅れており、伝播に時間差があることを示す。山添地区では、S字カーブの左端、変化の開始部分を示すと解釈できる。

　以上で見たように、新方言も共通語化と似たS字カーブによるパターンを示す。学校教育やマスコミや文章に使われるか否かで違いがありうるが、言語変化としては同様なのである。

6.　結論　言語変化とS字カーブ

　欧米の社会言語学的研究の中には、年齢差つまり見かけ時間のデータのみで言語変化を扱うものが見られる。実時間調査の必要は唱えられているが、先行する信頼すべき大調査が少ないので、研究は盛んでない。幸いなことに日本では戦後国立国語研究所の手で大規模な調査が行われたために、これを源流として、言語変化を実証的に確認できた。

　ここでは、言語変化はS字カーブの形で、似た現象ならほぼ同じスピードで進行するという仮説に従って、鶴岡地区の2カ所、計7回の実時間の調査結果を検討した。変化の様々な段階を実証的にとらえたと考え、そのカーブを配列し直す手法により、音韻共通語化の完成には100年以上かかるという結論が導き出された。しかし、言語変化のさまざまのタイプを理論的に検討してみると、理想的条件のもとでは言語変化はもっと早く、100年以内でも完成すると考えられる。言語現象や社会的背景による違いも考えられ、他地域でのさらなる研究が必要である。

　鶴岡調査と山添調査の対比により、言語地理学と社会言語学の接点を扱ったことになる。鶴岡のすぐ近くの山添地区で鶴岡旧市内と同じような調査を繰り返したのは成功だった。鶴岡旧市内の調査だけだと、共通語の普及ぶりについて早まった考え方をし、誤った一般化をするところだった。

146　第 2 部　世界最長の実時間研究

注

(1)　実時間・見かけ時間に加えて「記憶時間」(想起法)も調査に活用できる(井上編 2017)。さらに「想像法」を活用すると、1時点の1個人の言語について通時的な変化を観察できる。大規模な経年調査を実行して得られた簡略な調査法である。

参考文献

　＊国立国語研究所の出版物のかなりはインターネットでダウンロード可能である。井上の論文の一部もダウンロード可能である。

井上史雄(1985)『新しい日本語』明治書院

井上史雄(1994)『方言学の新地平』明治書院

井上史雄(1997)『社会方言学資料図集』東京外国語大学語学研究所

井上史雄(1998)『日本語ウォッチング』(岩波新書)岩波書店

井上史雄(2000)『東北方言の変遷』秋山書店

井上史雄(2001)『計量的方言区画』明治書院

井上史雄(2004)「標準語形普及の 3 段階」『言語研究』126

井上史雄(2011)『経済言語学論考』明治書院

井上史雄(2017)『新・敬語論―なぜ「乱れる」のか―』(NHK 出版新書 508)NHK 出版

井上史雄編(2017)『敬語は変わる―大規模調査からわかる百年の動き―』大修館書店

Aitchison, J. (1981) *Language Change: Progress or Decay?* Fontana

江川清(1973)「最近二十年間の言語生活の変容―鶴岡市における共通語化について―」言語生活 257(井上他 1994『日本列島方言叢書　山形県』ゆまに書房に再録)

久屋愛実(2016)「見かけ上の時間を利用した外来語使用意識の通時変化予測」日本語の研究　12(4)

国立国語研究所(1953)『地域社会の言語生活―鶴岡における実態調査―』秀英出版

国立国語研究所(1974)『地域社会の言語生活―鶴岡における 20 年前との比較―』秀英出版

国立国語研究所(2007)『地域社会の言語生活―鶴岡における 20 年間隔 3 回の継続調査―』国立国語研究所

柴田武(1978)『社会言語学の課題』三省堂

柴田武(1988, 1990, 1995)『糸魚川言語地図(上中下)』秋山書店

Chambers, J. K., and P. Trudgill (1980) *Dialectology* Cambridge University Press

鶴岡市における言語調査研究グループ編(2014)『第 4 回鶴岡市における言語調査ラン

ダムサンプリング調査の概要　資料編』統計数理研究所・国立国語研究所

徳川宗賢(1993)『方言地理学の展開』ひつじ書房

徳川宗賢(1996)「語の地理的伝播速度」『言語学林 1995–1996』三省堂

Trudgill, P. (1974) *The Social Differentiation of English in Norwich.* Cambridge University Press

野元菊雄(1975)「年齢階層と言語」『新・日本語講座 10　ことばと文化・社会』汐文社

Nomoto, Kikuo (1975) "How much has been standardized over the past twenty years" (Fred C. C. Peng (ed.) *Language in Japanese Society.* Univ. of Tokyo Press

服部四郎(1959)『日本語の系統』岩波書店

横山詔一・真田治子(2007)「多変量 S 字カーブによる言語変化の解析―仮想方言データのシミュレーション―」『計量国語学』第 26 巻第 3 号

米田正人(1997)「鶴岡市における共通語化の調査―約 20 年間隔で行われた 3 回の調査を比較して―」『日本語科学』2, 24–39, 国書刊行会 (Masato YONEDA (1997) Survey of standaadisation in Tsuruoka, Japan: Comparison of results from three surveys conducted at 20-year intervals. *Japanese Linguistics* 2, 24–39)

Labov, W. (1966) *The Social Stratification of English in New York City.* CAL

Labov W. (1994) *Principles of Linguistic Change* Vol. 1 Internal Factors. Blackwell

ロジャーズ, E. M., (宇野善康監訳) (1971)『イノベーション普及学入門』産業能率大学出版部

第 3 部

言語の大規模社会調査
地域・職場・学校社会での言葉の使い分け研究

国立国語研究所の創立は 1948 年 12 月 20 日である。その半年後の 1949 年 6 月に八丈島においてランダムサンプリング法にもとづく共通語化の調査が統計数理研究所と共同で実施された（国立国語研究所 1950）。それ以来、約 70 年間にわたって統計数理研究所と共同で言語の社会調査を展開している。以下に、八丈島調査から 1950 年代初めごろまでの調査地点、調査目的、統計数理研究所から現地調査に参加した代表的な研究者を示す。

　　1949 年、東京都八丈島、共通語化調査、西平重喜

　　1949 年、福島県白河市、共通語化調査、林知己夫

　　1950 年、山形県鶴岡市、共通語化調査、林知己夫

　　1952 年、三重県上野市、敬語調査、赤池弘次

　　1953 年、愛知県岡崎市、敬語調査、林知己夫

上記に登場する統計数理研究所の林知己夫と赤池弘次は、いずれも後に統計数理研究所で所長を務めた。林知己夫は「代表性を有するデータ」の重要性を一貫して唱え、ランダムサンプリング法を言語の大規模社会調査に導入した先駆者である。また、赤池弘次は「AIC」つまり赤池情報量基準（Akaike's Information Criterion）の研究で世界的に有名である。AIC は人工知能研究をはじめ科学界全体の最先端研究で欠かせない指標となっている。

　第 3 部の第 6 章では、岡崎調査以降に実施された言語の社会調査のなかから代表的な研究例を 5 つ紹介する。なお、岡崎調査より前に行われた調査のうち、本書で取り上げることが実現しなかった八丈島調査は国立国語研究所報告の第 1 号、白河調査は第 2 号にまとめられている。また、上野市の調査については、第 1 回岡崎調査の報告書（国立国語研究所 1957）に詳細な記述がある。それらの報告書は以下の 3 点である。

　　国立国語研究所(1950)『八丈島の言語調査』国立国語研究所報告 1

　　国立国語研究所(1951)『言語生活の実態―白河市および附近の農村における―』国立国語研究所報告 2

　　国立国語研究所(1957)『敬語と敬語意識』国立国語研究所報告 11

（横山詔一）

第6章
敬語調査、地域共通語調査、
大都市言語調査、場面差調査

1. 地域社会の中の敬語使用と敬語意識　岡崎調査

　第2部で紹介した方言と共通語を焦点にした地域社会の言語生活調査と並んで、国立国語研究所が発足して間もない時期に力点を置いたのは、地域社会の中の敬語使用と敬語意識についての調査研究であった。

　周囲の人や状況への気配りを言葉の上に表す敬語は、使い手・受け手の性・年齢・職業・親疎関係などによって、どのように使い分けられ、どのように受け止められているか？　こうした疑問に答える実証的なデータを求めて、国立国語研究所は昭和28(1953)年、愛知県岡崎市において日本で最初の本格的な敬語の実態調査(以下では岡崎調査と略称)を実施した。

1. どんな背景で、どんな目的を掲げたか？

　岡崎調査が企画・実施されたのは昭和20年代後半である。20年代初めから、戦後の新しい社会にふさわしい日本語の在り方が社会の多方面で議論され、国の国語審議会では法令や公用文の用字用語や人名漢字などについての審議や建議が続いた。敬語については昭和27年に国語審議会建議「これからの敬語」が文部大臣に提出された。岡崎調査は、その翌年に実施された。

　岡崎調査の報告書(国立国語研究所1957)の冒頭「1.目的」に次のような記述がある。

154　第3部　言語の大規模社会調査

　　民主主義の基本は個人が互いに他を尊敬することにかかっており、その
　　敬意をあらわす有効な手段は敬語であるから、これからの世の中にもあ
　　る程度の敬語は必要だということになる。考えるのに、それはできるだ
　　け簡素な敬語ではなかろうか。

　これは、上記の国語審議会建議「これからの敬語」が示した「相互尊敬」
「平明簡素」という「基本の方針」とよく通じるものと言える。
　岡崎調査は、こうした基本的な姿勢を掲げた上で、戦前・戦後を通じて言
われる「敬語の混乱」の原因を探るべく、老若、男女、社会階層などによる敬
語使用や敬語意識の実態を把握することを目的としていた。敬語に関する大
規模調査研究の源流というべき岡崎調査はこうした社会背景の中で始まった。

2.　定点・経年　その1　同じ町・同じ人・繰り返し

　岡崎調査の特徴の一つは、同じ地点・岡崎市において20年ないし35年
の間隔で繰り返した「定点・経年」の調査研究だという点にある。昭和28
(1953)年の調査を第1次調査として、昭和47(1972)年には第2次、平成20
(2008)年には第3次の岡崎調査が重ねられた。
　第1次調査から第3次調査までの間に55年が経過している。この間に、
岡崎市という地域社会は変化し、住民の世代交代や出入りも進んでいる。岡
崎調査を定点・経年の枠組みで繰り返すのは、そうした地域社会や住民が変
化する中で敬語使用や敬語意識がどのように変化するのか、あるいは変化し
ないのかを知るためであった。
　この目標に向けて、岡崎調査では次のような工夫が重ねられた。

①町村合併などで市域が広がったが、調査対象地域は広げず岡崎市の中心
　部とし続ける。調査地域の等質性を保つための工夫である。
②各回の調査時点の岡崎市民の全体を反映するように無作為抽出(ランダ
　ムサンプリング)で調査対象者を選ぶ。これを通じて、岡崎市民全体の

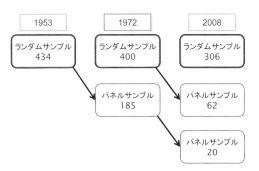

図 1　岡崎調査の調査対象者（鑓水・阿部 2017、p. 258 から）

敬語使用・敬語意識の変化を追跡する。
③第 1 次調査の回答者を第 2 次調査で、また第 2 次調査の回答者を第 3 次調査で、というように前回調査の回答者当人を繰り返して調査対象とする（パネルサンプルと呼ぶ）。これにより、個人ごとの敬語使用・敬語意識の変化を追跡する。

　図 1 で、3 回の調査の調査対象者の人数やつながりが分かる。例えば、第 1 次調査のランダムサンプル回答者 434 人から第 2 次調査へのパネルサンプル 185 人の回答が得られ、さらにその中から第 3 次調査のパネルサンプルとして 20 人の回答が得られている。

3.　定点・経年　その 2　同じことを同じように尋ねる

　定点・経年の調査では、調査の内容や方法に関しても、各回の調査結果を比較するために「同じことを同じように尋ねる」ことが必要になる。
　岡崎調査には、調査員が回答者に直接面会して質問する面接調査があるが、その中に場面調査と呼ぶものがある。「こんな場面で、こんな人に向かってどう言いますか？」と尋ね、その回答を録音・記録するのである。3 回の調査を通じて 12 種類の場面を基本的な内容を変えずに質問した。図 2 は、この 12 場面の一つ「傘忘れ」の質問で回答者に示した絵である。

図 2 「傘忘れ」の提示絵（鑓水・阿部 2017、p. 255 から）

　質問文は「あなたがバスに乗っていると、この人が傘を忘れて降りていきかけました。この人は、あなたの知らない人です。何と言って、この人に傘を忘れたことを注意しますか？」というものだ。回答者は、自分がこの場に出会ったと想定して、例えば「モシモシ、傘ヲオ忘レジャアリマセンカ？」「ア、傘ワスレテルヨ」などの言葉遣いを答えてくれる。こうした回答を、第 1 次から第 3 次の各調査で繰り返し得て、さまざまな回答の中の敬語を中心にした言葉遣いの変化や不変化を経年的に追跡するのである。

4. 見えてきたこと　属性と敬語の基本的な関係

　岡崎調査の当初からの目的は、敬語使用や敬語意識に老若・男女・職業・学歴などいろいろな属性がどのように関わっているかを知ることにあった。
　この点についての基本的というべき知見が、すでに第 1 次調査の結果から数多く把握されている。例えば、次のような知見である（国立国語研究所 1957）。

　　○否定的要素を含む表現は、それを含まない表現よりも、丁寧だと意識される（例：「〜いただけませんか」のほうが「〜いただけますか」より丁寧）
　　○漢語を使う発話のほうが漢語を使わない発話より丁寧だと意識される。
　　○具体的な場面での敬語行動に働く社会的要因（属性）として、性別が最も強く働き、女性は男性より丁寧である。

○男性のほうが場面による使い分けをよくする。女性は場面を通じて丁寧な敬語形式を使い、場面による使い分けが少ない傾向にある。

　これらは第 2 次調査でも同様の結果が得られていて、敬語使用や敬語意識に関わる属性についての基本的な（おそらく変わらない）知見と言ってよい。

5. 見えてきたこと　いろいろな変化

　そうした知見と並んで、時間の流れの中で、あるいは回答者の世代が変わる中で敬語に及んだと考えるべき変化も把握されている。経年調査ならではの知見である。例えば次のようなことがらである。

○第 1 次調査と第 2 次調査を比べると、丁寧な表現が多く現れる場面ではより丁寧な表現を用い、丁寧な表現の少ない乱暴(ぞんざい)な場面では丁寧な表現がより少ないという変化があった。別の表現をすれば、場面による言葉の丁寧さの使い分けや幅が大きくなった(国立国語研究所 1983)。

○心理的に弱い立場に立つとき(恩恵を受けたり、ものを頼んだりする場合)には丁寧な敬語使用になり、その逆のとき(相手の間違いを指摘したり、相手に恩恵を与えたりする場合)には比較的丁寧でない(乱暴な)敬語使用になる。これは第 1 次調査でも第 2 次調査でも指摘された対比だが、第 3 次調査で同様の対比がさらにはっきりと把握される(井上他 2016、井上編 2017)。

○第 1 次調査で若年回答者、第 2 次調査で壮年回答者、第 3 次調査で老年回答者にあたる一つの世代の回答を追跡すると、高齢化と並行する形で、言語表現の丁寧さが増加したり、言語表現が長くなったり、敬語「〜ていただく」を多く使うようになったりする、など「敬語表現の成人後採用」と呼べるような変化の様子が見える(井上他 2016、井上編 2017)。

158　第3部　言語の大規模社会調査

　以上は、これまでに得られている知見の一部である。第3次までの岡崎調査のデータはデータベースとして公開されている。

www2.ninjal.ac.jp/longitudinal/okazaki.html

　それを活用した研究からは、定点・経年という調査の特性に由来する質・量ともに豊かな情報が期待される。このデータベースについては、鑓水・阿部(2017)に概要の説明がある。

（杉戸清樹）

参考文献

国立国語研究所(1957)『敬語と敬語意識』国立国語研究所報告 11, 秀英出版

国立国語研究所(1983)『敬語と敬語意識―岡崎における 20 年前との比較―』国立国語研究所 77, 三省堂

井上史雄・阿部貴人・鑓水兼貴・柳村裕・丁美貞(2016)「敬語表現の成人後採用―岡崎における半世紀の変化」国立国語研究所

井上史雄編(2017)『敬語は変わる―大規模調査からわかる百年の動き』大修館書店

鑓水兼貴・阿部貴人(2017)「敬語の調査はどのように分析するか」(井上編 2017 所収)

2. 地域社会とは異なる社会集団の敬語使用と敬語意識
職場社会と学校社会への調査の広がり

　前節1で紹介した岡崎市での敬語調査は、一般市民が買い物や近所付き合いをする地域社会の日常生活を対象にしたものである。

　一方、私たちは、そうした地域社会での日常生活だけでなく、仕事の場としての職場社会や学びの場としての学校社会という別の社会集団でも生活している。そして、そうした職場や学校の中でも、周囲の人や状況への気配りを言葉の上に表す敬語はさまざまに使われる。では、地域社会の敬語に深く関係した使い手・受け手の性・年齢・親疎関係のほか、職場や学校の中での話し手たちの様々な立場・役割・関係などによって、敬語はどのように使い分けられ、どのように意識されているのか？

　国立国語研究所は、敬語調査の対象を地域社会から拡大して、昭和49(1974)年には一般企業の職場社会を、また昭和63(1988)年には中学校・高等学校という学校社会を、それぞれ対象にした敬語調査を実施した。ともに、その時点で、職場や学校での本格的な敬語調査の最初のものであった。

1. 職場社会の敬語調査

1.1 敬語をめぐって職場で気にされることがら

　調査の基本的な関心事は、地域社会の場合と同様に、職場社会で働く人たちが敬語をめぐってどのようなことがらを気にしているかという点にあった。具体的には、性、年齢、出身・生育地という個人の属性とともに、所属する社内組織(同僚・部外者)、職階(係長・課長・部長など。それに基づく同輩・部下・上司の関係)、在社年数(それに基づく同期・後輩・先輩の関係)などの職場社会ならではの属性が、敬語意識や敬語使用の要因としてどう働いているかを探ることが目標となった。

　職場社会・一般企業といっても種類や規模が多様である中、製造業の大規

模株式会社(日立製作所・日鐵建材)から調査協力を得た。

　調査は、敬語意識や言語生活を問うアンケート(自記式質問紙)調査と、具体的な場面での敬語使用を個別面談で問う面接調査によった。回答者数は、全体としてのべ 1,085 人となった。さらに担当する業務によって職場の様子や社員の勤務生活は異なることを想定して、同じ会社の中でも、本社組織の管理事務部門、製造工場の現業部門、対外的な営業部門という所属の異なる社員の協力を得た。また、本社組織が東京都、製造工場が茨城県・京都府、営業部門が大阪府にある事業所であったため、地域方言(茨城の「〜っぺ」など)や方言敬語についての質問を含めることもできた。

1.2　把握された要因のいろいろな働き方

　こうした枠組みの調査からは、職場社会ならではの属性として注目した、所属事業所の種類、職階の上下関係、在社年数の先輩後輩関係などが、職場での敬語意識や敬語使用の要因として多様に関わっていることが把握できた。例えば次のような結果は興味深いものと言えよう。

○社内での言葉遣いを気にする割合が高いのは、現場系より事務系、工場・営業部門より本社部門、さらに職階でいえば上位・下位より中位(上司も部下もいる層)の層に多い。性別や年齢層だけによる違いは顕著ではない。

○職階や年齢による話し相手との関係は、相手が上司や年上であれば丁寧な敬語使用、相手が部下や年下であればぞんざいな(気のおけない)言葉遣いが多く、いわば単純な「上下」の要因と意識される。

○他方、在社年数に関しては、もっともぞんざいな(気のおけない)言葉遣いをするのは同期・同輩に対してであって、自分より在社歴の短い後輩は、先輩に対してほど丁寧でないものの同期・同輩よりは丁寧な敬語使用の対象と意識される。親疎関係で言えば、同期・同輩は「親」、先輩や後輩は「疎」と意識されている(図1を参照)。

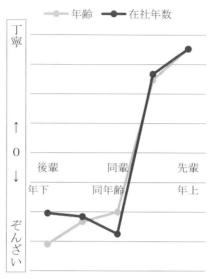

図1 年齢と在社年数の働き（国立国語研究所 1982、p. 231 より）

○事業所のある地域の方言を社内で用いることも、相手との親近感に関わる待遇表現と意識されている。例えば茨城県の工場では、現地出身社員よりも他所から転勤してきた社員のほうが茨城方言の使用に肯定的な傾向がある。

2. 学校社会の中の敬語

2.1 学校の中のさまざまな人間関係

　学びの場としての学校社会では、地域社会や職場社会とはまた異なった人間関係の中で日々の生活が営まれる。生徒・学生と教師との間、生徒・学生相互の間それぞれに立場や役割の異同があり、また性別や学年などの属性グループや、属するクラスやクラブ（部）などの小集団が重なりあって学校社会を構成している。国立国語研究所の学校敬語調査では、特に生徒同士の間のこうした人間関係が敬語意識や敬語使用にどのように働いているかを把握する目的を掲げて、東京・大阪・山形の中学校・高等学校の生徒、約6,000人

に対する質問紙アンケートや約340人に対する面接調査を行った。

2.2　生徒たちが気にしていることがら

　言葉遣いをめぐって生徒たちが気にしていることがらとして目立つのが、自分や話し相手の性とその異同（同性か異性か）、話し相手や話の登場人物との間の学年の上下、クラブ活動の同輩・先輩・後輩の関係である。こうしたことが、例えば次のような調査結果から把握できた。

○「先生や上級生と話すとき自分自身の言葉遣いが気になるか？」という質問に「気になるほうだ」と答えたのは、図2のように地域や中学・高校を通じて男子より女子が多めで、性差が見られる。

○「運動部の対外試合の応援に行くかどうか」を相手に尋ねるときどう言うかと、相手をいろいろに替えて想定してもらって質問したところ、相手との性の異同や学年の上下によって丁寧語（マス、デス）の使い方に違いが現れた。図3は、東京の高校の女子生徒の回答である。相手が上級生や先生の場合に「マス」（一部に「デス」も）が多いのに対して、下級生や同級生の相手には大多数が「丁寧語なし」で「行く？／行くの？」などと尋ねると答えている。その中で、下級生や同学年であって

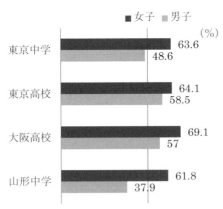

図2　先生や上級生に対して言葉遣いが気になる（国立国語研究所 2002、p. 14 から）

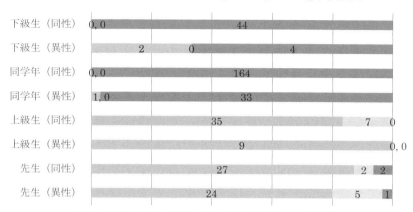

図3　相手による丁寧語の分布（東京高校女子　実人数）
（国立国語研究所 2003、p. 27 から）

　も異性の相手には「行きマスか？」と尋ねる回答者が実人数はわずかだがいる。このタイプの回答は、図示した東京の高校の女子だけでなく、東京では高校・中学の男子にも見られる一方で、大阪の高校では男女の回答者どちらにも見られない（図示は省略）。
○学校の中の言葉遣いでしばしば話題になる「先輩」という呼称については、回答者自身の性による違いが顕著で、東京・大阪・山形の中学・高校を通じて女子は8割前後が「自分で用いる」のに対して、男子は東京・大阪で5～6割に止まり、とくに山形の中学男子は1割に満たない。

　以上、第2節では、国立国語研究所がその当時としては未開拓だった職場社会と学校社会を対象として実施した敬語調査を紹介した。これらの調査が行われたのは1970年代後半や1980年代末のことだが、そのあと職場や学校の敬語を対象にした大規模・包括的な調査研究は行われていない。
　しかし、1990年代に登場して急速に普及したパソコンやインターネット、さらに近年のSNS等が、職場や学校におけるコミュニケーションの様相を大きく変えた。その中で敬語意識や敬語使用はどのように変化しているの

か。その現状や変容を把握するために、職場や学校での調査が改めて活発化することが期待される。

（杉戸清樹）

参考文献

国立国語研究所(1982)『企業の中の敬語』国立国語研究所報告73　三省堂

国立国語研究所(2002)『学校の中の敬語1アンケート調査編』国立国語研究所報告118，三省堂

国立国語研究所(2003)『学校の中の敬語2面接調査編』国立国語研究所報告120，三省堂

3. 地域共通語ができるまで　北海道調査

　第2部で紹介した山形県鶴岡市での調査は、その土地の地域方言と全国共通語が併用される言語生活を対象として、地域社会の全国共通語化がどのような背景や要因で進むのかを把握しようとしたものであった。

1.　地域共通語としての北海道共通語への着目

　それとは異なる意味合いの「共通語」を扱った調査に、国立国語研究所の北海道調査がある。第1回調査は1958（昭和33）年から、また約30年後に第2回が1986（昭和61）年から、それぞれ3年をかけて行われた。この調査では、北海道各地で共通して使われるが全国共通語とは異なる語形や表現を「北海道共通語」として注目し、その成立事情や実態・変化を把握しようとした。方言研究の流れの中で「地域共通語」の実態に注目した初期のものに位置付けられる。

　調査で北海道共通語の例として調べたのは、シバレル（ひどく寒い）、手袋をハク（付ける）、トーキビ（とうもろこし）、ゴショイモ（馬鈴薯）などである。これらは全国共通語ではないが、北海道では札幌などの都市も含めて全道各地で用いられている。住民の中には、全国でも共通して使われる表現だと意識する人もいる語である。

　こうした語の中には、表1のとおり、2回目調査で使用率がさらに増えて大多数の使うシバレルやハクのような語例のある一方、60％台から20％台に減ったゴショイモのようなものもある。調査では、道内各地の高校生（1回目40校、2回目52校）からも類似した回答が集まった。全国共通語とは異なる北海道共通語は若い世代にも定着していることがわかる（国立国語研究所 1997）。

166　第3部　言語の大規模社会調査

表1　自分自身で使う人の割合（国立国語研究所 1997、p.25 から）

	1回目	2回目
シバレル	97.2	99.1%
トーキビ	97.2	86.8
手袋をハク	94.3	96.2
ゴショイモ	63.2	23.6

（2回の調査とも回答した富良野市民パネル回答者 106 人）

2.　移住世代の間の言語変容と北海道共通語

　ところで、北海道には、幕末・明治初期以降、本州各地からの移住者が作り上げてきた地域社会が多い。その中には、様々な出身地を持つ移住者が隣りあって住む混住地域と、各地からそれぞれ集団で開拓入植した人々の住む集団移住地とがある。国立国語研究所の北海道調査では、こうした移住地に住む家族を、本人が移住した世代（移住第1世）、子の世代（第2世）、孫の世代（第3世）と、親子3世代にわたって調査対象とした。

　1回目の北海道調査では、混住地域として当時の美唄市・池田町・倶知安町などで移住後の3世代がそろった家庭への調査が行われた。そこからは、「第2世ではまだ第1世の出身地の方言が残っているが、第3世になるとその影響はほとんどなくなる。同時に、第1世の出身地がどこであろうと、どの第3世も同じような言葉を用いるようになっている。このような北海道第3世に共通した言葉は『北海道共通語』と呼んでいいものと思われる」という結論が導かれた（国立国語研究所 1965、p.2「調査の概要」から抜粋）。

　一方の集団移住地では、当初は移住第1世の人たちが出身地の方言だけを使い合う状態から始まる。第2世、第3世と世代が進むにつれて、別の出身地からの入植者が異なる方言で暮らす近隣の（といっても距離的に離れていることの多い）地域との往来が増え、互いに共通して交わす地域共通語が使われるようになるという言語変容が想定される。

　1回目調査では富良野町・新十津川町・浦臼村などで第3世を中心にして

調査が行われ、「移住の形態が集団的であるか混住的であるかによって共通語化は相当違っている」(同上)という北海道共通語の多様な成り立ちに関する事例調査的な知見が示された。

　以上のような北海道調査は、個別方言を掘り下げて記述分析する方言研究や方言の全国共通語化を扱う方言研究の流れに加えて、全国共通語と区別される「地域共通語」という視点を取り込んで流れを拡張したものと言える。その後、北海道方言については、例えば北海道方言研究会という場をはじめとして、共通語化を含めた多様な調査研究の流れが現在も続いている。

(杉戸清樹)

参考文献

国立国語研究所(1965)『共通語化の過程―北海道における親子三代のことば』国立国語研究所報告 27, 秀英出版

国立国語研究所(1997)『北海道における共通語化と言語生活の実態(中間報告)』国立国語研究所

168　第 3 部　言語の大規模社会調査

4.　大都市の言語生活

　国立国語研究所の社会言語学的調査は、多くが中小規模の地域社会におけるものであった。本書第 2 部で紹介した山形県鶴岡市の共通語化調査や、本章前節までに紹介した愛知県岡崎市の敬語調査、北海道各地の地域共通語調査などは、どれもこの点で共通している。これらに対して、ここで取り上げる「大都市の言語生活」は国立国語研究所が創設以来はじめておこなった、東京・大阪という 2 大都市における大規模な調査研究ということになる。調査の概略をまとめて示すと以下のようであった。

調査地域：東京都 23 区内 50 地点（各地点 20 名ずつ、計 1,000 名が対象）
　　　　　大阪市内 20 地点（各地点 25 名ずつ、計 500 名が対象）
調査対象：上記地域内に居住する 15 歳から 69 歳の男女を住民基本台帳に基づいてランダムサンプリングにより選定
調査時期：1974 年 11 月〜 12 月（東京調査）、1975 年 2 月（大阪調査）
研究組織：国立国語研究所の所員が中心となり、統計数理研究所や国内各地の大学研究者が参加した。現地調査には多くの学生も協力し、総勢 50 名近くの組織で調査研究は進行した。
調査方法：面接調査票を用いた個別面接調査に加え、回答者による郵送留置きの自記式アンケート調査を併用した。面接調査では調査員各自が調査票に聞き取り結果を記録すると共に、音声・アクセントなど一部の項目については録音をおこなった。
調査項目：敬語使用の場面差に関する項目（例えば、きわめて尊敬している目上の人から「○○さんの住所を知っているか」と尋ねられ、「知らない」と答えるときあなたなら何と言いますか。）、人称代名詞の使い分け、アクセント項目（類別語彙、個別語彙併せて 50 語強。東京と大阪で内容が異なる。）、音声項目（20 語ほど）、語彙・文法項目（明後日の翌

第6章　敬語調査、地域共通語調査、大都市言語調査、場面差調査　169

日・翌々日、可能表現、副詞および方言的な言い方、サ変動詞等々）、
および学歴、職業、世代、出身地、出身校の所在地などの社会言語学的
属性 10 数項目などが調査された。属性項目では、今ではもう調査しに
くくなった（質問しなくなった）支持政党や、年間世帯収入なども調査さ
れている。敬語や音声・アクセント項目などは鶴岡調査や岡崎調査で用
いられた項目と同じものもかなりの数採用されている。

　以上は面接調査項目であるが、郵送留置きの自記式アンケート調査票
には、言語生活に関する項目、東京人や大阪人気質に関する項目、大都
市の良い点、悪い点等々、被調査者の言語意識に直接的、間接的に関わ
るであろう項目が 20 数項目取り上げられている。

調査票の回収状況：学生の協力を得ながら、研究者自らが被調査者の元に出
　向いて調査を行ったのであるが、大都市調査での回収結果は地域社会で
　のそれに比べるとかなり低い回収率であった。昨今の社会調査に比べれ
　ばそれほど低くは感じられないが、具体的な回収数（回収率）は以下のと
　おりであった。

　東京調査：639 票（回収率 63.9%）　大阪調査：359 票（回収率 71.8%）

　調査結果は、国立国語研究所報告として「分析編」と「資料編」が刊行さ
れている。「資料編」には、調査の個票データは公開されていないものの、
ほとんどの調査項目について、性、年齢（5 歳刻み）、学歴、職業、世代、出
身地などの属性とのクロス集計表が 256 ページにわたり収録されている。

　最後に、報告書から 1 例だけ調査結果を示すことにしよう。可能表現「見
ることができる」「起きることができる」に関する調査結果である。いわゆ
る「ら抜きことば」としてマスコミ等でもしばしば取り上げられている現象
であるが、昭和 50 年頃の大都市での状況は以下のとおりであった。

　　東京調査　　「見レル」45.9%　　「起キレル」30.3%
　　大阪調査　　「見レル」55.7%　　「起キレル」40.9%

全体としては、大阪のほうが東京よりも10ポイントほど使用率が高くなっていることがわかるのであるが、この結果をさらに年齢層別に見てみると以下のグラフに示すとおりとなった(図には「見レル」「起キレル」の年齢層ごとの使用率を東京と大阪それぞれについて示してある)。なお、「大都市の言語生活(分析編)」には5歳刻みのグラフが掲載されているが、傾向を見やすくするために、「資料編」を用いて10歳刻みの年齢でグラフ化した。また、「見ラレル」「起キラレル」という回答については結果を省略してある。

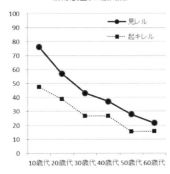 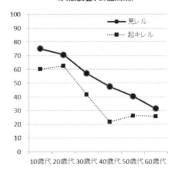

　ら抜きことばの進行は、全世代を通してみると大阪のほうが先を行っているという結果が見えるが、東京、大阪とも、若い層ほどら抜きことばの使用率が高いことから、昭和50年時点で、ら抜きことばの今日の隆盛は予測できたことになる。

（米田正人）

参考文献
国立国語研究所(1981)『大都市の言語生活　分析編』(国立国語研究所報告70-1)三省堂
国立国語研究所(1981)『大都市の言語生活　資料編』(国立国語研究所報告70-2)三省堂

5. 場面によることばの使い分け

　前節までに示してきた調査研究の中で「場面」の重要性は当初から強く意識されていたが、場面そのものを調査・吟味する研究は行われていなかった。そこで、国立国語研究所では、場面によることばの使い分けに焦点をあわせた臨地調査を行い、言語場面と言語行動の関係を把握しようと試みた。調査は関西の 3 地域において、以下のように行われた。

調査地域：大阪府豊中市、京都府宮津市、兵庫県豊岡市
調査対象：15 歳から 69 歳の男女を住民基本台帳に基づいてランダムサンプリングし、豊中 1,000 人、宮津・豊岡各 400 人を対象に調査した。
調査時期：1983 年 5 月（豊中）、1984 年 1 月（宮津）、同年 7 月（豊岡）
研究組織：国立国語研究所の所員が中心となり、大阪大学、富山大学等の研究者や院生・学生、述べ 30 数名の協力を得て調査研究は進行した。
調査方法：豊中調査は言語生活調査票を郵送で回収する方法により実施し、未返送分については現地へ赴き回収を試みた。一方、宮津、豊岡の両調査は、回答者による郵送留置きの自記式アンケート調査に加え、面接調査票を用いた個別面接調査を併用した。
調査項目：社会言語学的属性項目、言語生活場面に対する接触経験、他地域の人との接触状況、場面や相手の違いによることばの使い分け意識、場面ごとの標準語と方言の使い分け意識、テレビ・新聞等の音声や文字との接触状況　など
調査票の回収状況：
　(1) 言語生活調査票の回収（率）は、豊中調査では 505 票（50.5％）、宮津調査、豊岡調査では 314 票（78.5％）、345 票（86.4％）であった。
　(2) 面接調査票の回収（率）は、宮津調査 290 票（72.5％）、豊岡調査 333 票（83.3％）であった。

このように行われた豊中、宮津、豊岡の3調査の結果が国立国語研究所報告102『場面と場面意識』(1990年)にまとめられている。以下では、本調査の中核をなす場面接触態度の一部結果について紹介する。

扱っている場面は、「1.家庭の中で」「2.店で買い物や食事をするとき」「3.近所の人と」「4.道などを尋ねるとき」「5.一般に」「6.職場で」「7.学校で」という大項目7区分である。それぞれの区分にいくつかずつの小場面が示され、場面ごとに次ページに挙げる接触態度のどれで臨むかの意識を聞いた。たとえば「1.家庭の中で」という大区分であれば、「目上の家族」「同年配の家族」「目下の家族」「配偶者」「目上の親戚」「同年配の親戚」「目下の親戚」「親戚の子ども」「御用聞き」「セールスマン」「その他の訪問者」といった11の小場面が示された。以下で、この家庭生活場面への接触態度について概観する。

設問文は、「ふだん話をする時、ざっくばらんに話せる相手がいる一方、ことばづかいに注意をはらう相手もいるかと思います。次にあげる相手や場面では、どの程度ことばづかいに注意をしますか。その程度を選択肢の中か

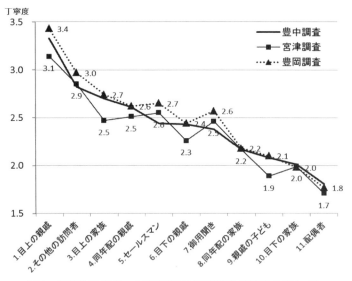

図1 家庭生活場面への接触態度の丁寧度(3調査を比較して)

(注)豊中調査の丁寧度の順に場面配列を並べ直した。数字は丁寧度(豊中は省略)。

ら選んでください。」というものである。

接触態度の選択肢としては、「A. 非常に気をつけて話す、B. かなり気をつけて話す、C. ある程度気をつけて話す、D. あまり気にせずに話す、E. 全然気にせずに話す」という5段階の評定尺度が準備された。前記場面にどのような態度で接触するのかを比較するため、選択肢A.～E.それぞれに5～1の点数を与え、場面ごとの平均点を「接触態度の丁寧度」として分析している（数値が大きいほど丁寧度が高い）。前掲のグラフ（図1）がその結果を示したものである。

どの地域においても「目上の親戚」に対してが最も丁寧であり、逆に最も気のおけない相手は「配偶者」であった。また、3地域における丁寧度の数値や順位は、細部では若干異なるもののよく似た姿となっている。

家庭生活場面以外の大項目6区分でも3地域で似たような傾向を示していることが確認されている。そこで全場面の丁寧度について地域ごとに相関係数で比較してみると、豊中-宮津、豊中-豊岡、宮津-豊岡のいずれも0.98前後の高相関となった。このことは地域的事情により多少の差違はあるとしても、丁寧に待遇すべき相手や状況への認識に地域的差違は少ないということを物語っていると考えられ、場面差に着目する研究に対して一定の保証を与えるものとなった。

「どの程度気をつけて話すか」の視点に加えて、「ことばのどの面に気をつけるか」について豊岡調査の結果を見ると、「敬語」「方言」「発音」の順に

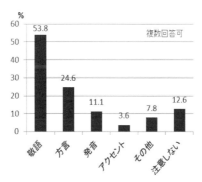

図2　ことばづかいに注意する点（豊岡）

なっているのがわかる（図2）。詳述は割愛するが、これらの項目には性差、年齢差、学歴差が見られた。

（米田正人）

参考文献
国立国語研究所(1990)『場面と場面意識』(国立国語研究所報告102)三省堂

第 4 部

経年調査（実時間研究）データの解析事例

経年調査(実時間研究)で収集されたデータは、どのようにして解析すれば
よいのであろうか。経年調査の経験がきわめて豊富な医学の疫学研究分野な
どで用いられる代表的な解析手法は、ロジスティック回帰分析とコウホート
分析である。

　たとえば Labov によって言語変化研究に導入されたロジスティック回帰
分析の源流を追うと、心臓疾患のリスク要因を探るフラミンガム(Framing-
ham)研究にたどりつく。第 2 次世界大戦終了後間もない 1948 年、心血管
合併症増加への対応を検討するため、米国公衆衛生局 National Heart Insti-
tute は米国北部の住民 2 万 8 千人の町、フラミンガム市(マサチューセッツ
州)において大規模な経年調査を開始した。そこで収集されたデータを解析
するために開発されたのがロジスティック回帰分析である。

　第 4 部では、2 つの事例研究を紹介する。第 7 章は、鶴岡調査データをロ
ジスティック回帰分析で解析し、言語変化の S 字カーブ説(第 5 章を参照)
との関係を議論する。第 8 章は、経年調査あるいは実時間研究は時系列デー
タをあつかう点に着眼し、鶴岡調査データなどにコウホート分析を適用して
共通語化に影響する効果を世代効果、加齢効果、時代効果の 3 者に分離す
る理論と実例を解説する。

(横山詔一)

第 7 章

言語の経年変化を
ロジスティック曲線で予測する

横山詔一

1. はじめに

1.1 予測は学術レベルの試金石

「過去のデータから将来を数量的に正確に予測すること」、これは科学の目的の一つであろう。天文学者は、次の皆既日食が、いつ、どこで観測できるかをピタリと当てることができる。気象学者は、あした雨が降る確率をかなり正確に予測することができる。地震学者は、次の巨大地震が、いつ、どこで起きるか大ざっぱにしかに予測できない。では、言語学者は、いつ、どこで、どのような言語変化が生じるかを数量的に予測できるのだろうか？

たとえば、ある地域で長期間にわたって（科学的な方法で）収集された言語変化のデータを手にすることができれば、その地域における将来の言語変化を数量的に正確に予測できるかもしれない。そのようなデータは、はたして存在するのだろうか？　答えは Yes である。山形県鶴岡市で約 40 年間にわたって収集された共通語化のデータが国立国語研究所に保存・蓄積されている。そのデータを解析すれば、鶴岡市の方言が 20 年後や 40 年後にどのくらい変化しているか（共通語化しているか）を数量的に予測できる可能性が開ける。以下、鶴岡データの説明と数量的予測の方法について解説しよう。

1.2 鶴岡データとは

国立国語研究所は山形県鶴岡市を定点観測フィールドとして「地域社会における方言の共通語化」に関する実態調査（以下、鶴岡調査という）を 1950 年（昭和 25 年）から約 20 年間隔で 4 回にわたって経年的に実施してきた。本章はそのうちの 3 回までのデータを用いて検討をおこなう。

180　第 4 部　経年調査(実時間研究)データの解析事例

　なお、本章における鶴岡調査の方法に関する説明は第 4 章と重複する部分がある。それにより、章や節の順番にとらわれずに読み進めた場合であっても、理解が困難にならないようになっている。

　鶴岡市は、山形県の庄内地方南部に位置する。旧鶴岡藩(通称、庄内藩)の城下町で、文化・経済の中心都市として栄えた。時代小説の作家である藤沢周平の作品に登場する「海坂藩」のモデルと言われる。過去 3 回の調査時の人口は、第 1 回調査時(1950 年)が約 4 万 2 千人、第 2 回調査時(1971 年)が約 9 万 5 千人、第 3 回調査時(1991 年)が約 10 万人と、大きな人口変動のない、日本に点在する中小都市の典型である。

　鶴岡調査は、第 1 回から第 3 回まで、いずれも物資配給台帳や住民基本台帳などにもとづいて無作為に抽出されたサンプルをインフォーマント(調査対象者)としてきた。この調査は方法論の面で 2 つの特長がある。特長の 1 つ目は、第 1 回調査から当時最先端の統計理論を積極的に導入し、住民基本台帳などにもとづく無作為抽出調査(以下、ランダムサンプリング調査)をおこなった点である。鶴岡調査は 1 回で終了したのではない。約 20 年間隔でランダムサンプリングを実施し、毎回約 400 名前後のインフォーマントを対象にして基本的に同じ質問項目を経年的に 4 回繰り返した。このような調査方法を「トレンド調査」という。特長の 2 つ目は、トレンド調査に参加した話者を長期間にわたって追跡し、約 20 年間隔で経年的に調査をおこなったことである。このような調査方法を「パネル調査」という(国立国語研究所 1953, 1974, 1994, 2007)。

　この調査デザインは「コウホート系列法(cohort sequential method)」と呼ばれ、横断調査法と縦断調査法を組み合わせた形になっている。生涯発達心理学、老年学、脳科学など、幅広い分野の研究者が関心を持っている調査法ではあるが、海外で実施されたコウホート系列法による本格的な調査は米国の「シアトル調査」があるのみのようである。これは知能の生涯変化を探る目的で実施されている大規模プロジェクトで、米国シアトル市において1956 年から 7 年ごとに経年的におこなわれている(Schaie 1996, Schaie and Hofer 2001, Schaie and Willis 2001)。その基本的な調査デザインは鶴岡調査

や岡崎調査（第8章2を参照）と同様である。

シアトル調査などが発端となって、言語的知能に及ぼす加齢の効果について新しい発見が次々となされ、さまざまな分野に大きなインパクトを与えている。たとえば、横断調査法だけを用いると言語的知能がピークに達する年齢を低く見積もってしまう場合があることなどが明らかにされた。

鶴岡調査は1950年が第1回なので、シアトル調査よりも6年ほど早くスタートしており、世界最初のコウホート系列法による調査だと考えられる（横山2010）。このことからも、鶴岡調査のデータが、量と質の両面で世界的に群を抜くレベルにあることが分かる。調査項目の基本部分は第1回から第3回まで同じものが使用されており、41年間にわたる言語変化の実態をとらえることができる。そのデータは国立国語研究所報告書に一部が公開されている。

そのほか、国立国語研究所は、鶴岡調査データをデータベース化する作業を進め、一般に公開している。国立国語研究所のサイト（URLは第5部参照のこと）からは鶴岡調査だけではなく、岡崎調査など「ことばの定点経年観測」に関する資料が閲覧できるほか、データをダウンロードすることが可能である。

1.3　将来予測の理論

ここでは、どのような理論（方法）によって将来予測ができるのかを横山・真田（2010）の研究を具体例として紹介する。この研究は、その時点で最新のデータであった第3回目までのデータを使って、第4回目以降の調査がおこなわれた場合の結果の一部を「生涯習得モデル」に基づいて数量的に予測したものである。生涯習得モデルとは、簡単に言えば、「ある地域における言語変化の動態は、地域住民の脳内に生涯にわたって蓄積される言語記憶や言語運用能力の経年変化を反映している」という心理学的モデルである。

この理論枠を用いれば、過去に実施された調査のデータを統合して、新たな視座から共通語化の実態を概観することも可能になるかもしれない。ま

た、この生涯習得モデルは脳内に蓄積された言語の知識・運用能力の時間的変容を追うという点では心内辞書(mental dictionary)の生涯変化に関するモデルだとも言えよう。

2. 予測モデルの説明

　記憶に関する最近の心理学的研究は、社会脳科学などと融合しながら、めざましい発展をとげている（横山・渡邊 2007）。横山・朝日・真田（2008）は、記憶研究の知見を援用した言語変化予測モデルを作成し、国立国語研究所が愛知県岡崎市を定点観測フィールドとして実施した「敬語と敬語意識」の調査データを解析した（第 3 部第 6 章 1 を参照）。岡崎調査も鶴岡調査と同様に 3 回にわたって実施された。第 1 回は 1953 年、第 2 回は 1972 年、第 3 回は 2008 年であった。これは 55 年間にわたる定点経年調査（トレンド調査とパネル調査）である。岡崎調査データの解析に使われた横山・朝日・真田（2008）のモデルは横山・真田（2010）によって小さな改訂が加えられ、図 1 に示すような「生涯習得モデル」として鶴岡市の共通語化予測に用いられた。生涯習得モデルの骨子は次の通りである。

図 1　生涯習得モデルの枠組み

（1）人間が言語習得期（10 歳前後）に経験した言語接触の記憶は脳内に安定した痕跡を残し、終生保持されると考える。以下、これを「臨界期記憶」と呼ぶ。ある人が獲得した臨界期記憶は生年と深い関係がある。生年によって言語習得期にどの時代の社会を経験するのかが決まる。たとえば 1960 年代に生まれた人は、1970 年代前半までの高度経済成長時代に言語習得期を過ごしたことになる。その人が

10歳前後に過ごした環境が、あるいは、その時代の言語の状況が臨界期記憶に影響を残すと考えれば、生年は臨界期記憶に強く関係する変数だと見なしてよい。

ちなみに、社会学や経済学のコウホート分析（cohort analysis）では、世代の違いによる世代効果の変数として生年を扱う。言語変化を研究する場合は、臨界期記憶の影響によって世代効果が生じると仮定しても差し支えないと考えられるため、ここでは世代効果と臨界期記憶の効果を区別しない。

(2) 言語調査の結果には、「調査年効果」が含まれている。そして調査年効果は、時代効果と加齢効果を合算したものだと考えられる。時代効果とは、時代の違いによる影響を指す。鶴岡市における1950年調査と1971年調査では、テレビ普及率に格段の差があった。これは、その調査年でのすべての年齢層にわたって効果を及ぼしていると想定される時代効果の典型例である。一方、加齢効果とは、年齢の影響を指す。1920年生まれの人が1950年に調査を受けたならば年齢は30歳であるが、同じ人が1971年に調査を受けると年齢は51歳になっている。同じ生年の人であっても、後の調査年で（つまり加齢した状態で）調査に参加した場合に、加齢の効果を経た反応を示すことになる。なお、コウホート分析においては、上に述べた世代効果と、時代効果、加齢効果を合わせた3つの効果を考察する課題については、「識別問題」と称される数理的に困難な問題があることが知られており、それに対する統計的な解決手法も提案されている（第8章を参照のこと）。しかし、ここでは便宜的に「時代効果」と「加齢効果」を分離しない「調査年効果」として扱う。

このように、生涯習得モデルは、言語習得が臨界期記憶と調査年効果によって支えられているとの仮定をおく。そして、言語運用能力は、臨界期記憶と調査年効果が合算されて発現すると考える。

言語運用能力は言語変化に関する現象と密接に関連しているので、図1の

184 第4部 経年調査(実時間研究)データの解析事例

言語運用能力の項を共通語化に書き換えると、生涯習得モデルは式〔1〕のようになる。

臨界期記憶＋調査年効果 → 共通語化 〔1〕

先に述べたように、臨界期記憶は生年と、調査年効果は調査年と、それぞれ強い関係がある。よって、式〔1〕は式〔2〕のように書き換えてよい。

$a_1 \times$ 生年 ＋ $a_2 \times$ 調査年 ＋ $b \rightarrow$ 共通語化率 〔2〕

これは、国語と数学の2科目で学力テストをおこなった場合に、合計点をどのようにして求めるかという問題とよく似ている。ただし、意味の上では、生年や調査年が説明変数としての役割を果すという違いがある。たとえば国語の点数は2倍して数学の点数と足し算する、というような計算方法であれば、国語の得点の重みは2倍になる。式〔2〕は、生年と調査年という2つの変数に適当な重みをかけて足し算することにより、共通語化の程度が予測できるという言語変化予測式になっている。

この予測式を実際に求める場合は、医学などでしばしば使われている「ロジスティック回帰分析」を用いる。ロジスティック回帰分析は、〔2〕式の共通語化率のような割合にロジット変換を施したものを回帰式で予測するという手順を踏むもので、モデルの性質から、説明変数の値ごとの割合をプロットしたデータに(ロジスティック曲線と呼ばれる)S字カーブを当てはめるというイメージで理解すればよい(横山・真田 2007)。言語変化のS字カーブについては、第5章に実例が詳しく示されているので、そちらを参照されたい。そのほか、第1回鶴岡調査のロジスティック回帰分析については、前川(2017)が最先端の統計的手法を用いた詳細な研究をおこなっている。

3. 言語変化予測の手順

　鶴岡調査は、さまざまな調査を組み合わせることによって、共通語化現象を多角的に捉えてきた。その調査群の中で、過去3回のいずれでも実施されている中心的な調査が「共通語の調査」である。それらは、音声(音韻)、語彙、文法項目について、調査員が調査票を用いて個別面接方式で実施する調査であった。言語的事象以外では、性別・生年といった被調査者の属性、マス・メディアとの接触度、方言や共通語に対する意識など、共通語化に関連する可能性のある種々の情報についても尋ねた。

　横山・真田(2010)は、言語変化について後述の3つの典型例を記述することを第一の狙いとし、音声項目、アクセント項目などの区分はせず、音声項目207「ネコ」、223「エントツ」、アクセント5項目、の3種の解析結果を例示した。各項目の観点は以下の通りである。

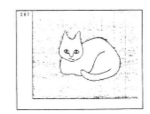

図2 「ネコ」項目の刺激図

- 項目207「ネコ」：非語頭におけるカ行有声化の有無（図2は第3回調査に用いた刺激図）
- 項目223「エントツ」：語頭の母音エにおける狭母音化の有無
- アクセント5項目「セナカ、ネコ、ハタ、カラス、ウチワ」：アクセントが共通語と同じであるか

3.1　生年と調査年について

　先に示した式〔2〕の左辺は、生年と調査年の2つの説明変数を含む。生年は「11年刻み」と称される刻み幅とした(国立国語研究所 2007: 18)。調査年は実際に調査が実施された1950年、1971年、1991年の3回のほか、将来の変化を約20年間隔で予測するために2011年、2031年、2051年を用いた(後述の図3は除く)。

186　第 4 部　経年調査(実時間研究)データの解析事例

3.2　共通語化率について

　式〔2〕の右辺にある共通語化率は次のようにして求めた。項目 207 と
223 については、共通語の音声で回答された百分率が国立国語研究所(2007)
に掲出されているので、それらを共通語化率として用いた。アクセント 5 項
目については、共通語アクセントの平均点が国立国語研究所(2007)に掲出
されている。その平均点の数値を満点の 5 で割り算した後に 100 倍し、ア
クセント共通語化率とした。言い換えると、5 個の項目を通じて測られる個
人の共通語化率の集団平均を求めたことに相当する。以下の予測式の解析に
投入する目的変数は、これらの共通語化率を 100 で割り算して確率に相当
する数値として表現したものであった。

3.3　予測式の推定

　過去 3 回の共通語化率データを目的変数、生年と調査年を説明変数とし
て、ロジスティック回帰分析をおこなった。生年と調査年の「重み」を最尤
法で推定し、ステップワイズ法により 5%水準で統計的に有意な説明変数を
選択した。

　表 1 の重みは回答に働く効果を示しており、数値が大きいほどその効果
も大きい。正の場合は共通語化率を上昇、負の場合は下降させる働きがあ
る。検定の結果、効果が有意でないと判定された重みについてはゼロ「0」
と表示した。このように、研究者の主観で説明変数を選択するのではなく、
統計的に有意な説明変数を選択する方法は、より客観的な基準にもとづいた
判断を可能にするものと考えられる。

表 1　統計的に有意な重み

	a_1：生年の重み	a_2：調査年の重み	b
項目 207「ネコ」	+ 0.0475892	0	− 90.0756503
アクセント 5 項目	+ 0.0254825	+ 0.0264587	− 102.4427798
項目 223「エントツ」	+ 0.0779051	− 0.0501265	− 49.3547537

4. 言語変化予測の結果

　言語変化をグラフの形状から読み取るにあたり、横軸をインフォーマントの生年、縦軸を共通語化率とする図を描いた。それらを視察した結果、後で説明するように、鶴岡市の共通語化は以下の4つのタイプに分かれて進展しつつあると考えられる。なお、これらのタイプのいくつかは、先行研究においてすでにその存在が指摘されているほか、言語変化がS字カーブを描くことを示した論考も存在する（江川 1973、Aitchison 1991、井上 2000、井上・江川・佐藤・米田 2009）。ここでも先行研究にならって言語変化のS字カーブを念頭におきながら、将来の変化をさらに高い精度で予測できるようにする新たな方法を検討した。

4.1　生年だけが共通語化を促進させるタイプ

　図3に音声項目207「ネコ：非語頭におけるカ行有声化の有無」の結果を示す。表1にあるように、この項目は調査年の効果が統計的に有意ではなかった。生年の効果は統計的に有意なので、生年だけを説明変数とする予測式から得た予測値が観測値とうまく一致している。このタイプは、後の調査でも生年が同じ世代の回答は変わらないので、共通語化のカーブは一本につながる。つまり、「言語習得期に獲得した言語記憶痕跡は残りの生涯にわ

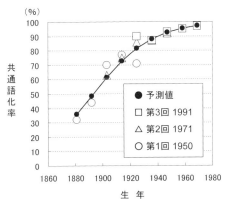

図3　「ネコ」項目207の共通語化予測

たってほぼ変わらずに保持される」ことが経年調査によって実証された典型例である。

予測値と観測値のズレ（誤差）がもっとも大きかったのは1950年に調査を受けた1925〜1935年生まれの群で、誤差の大きさは10％であった。そのほかのほとんどの群は誤差が5％以内にとどまった。

この項目の共通語化率は天井効果の様相を呈しており、1991年の時点ですべての世代で共通語化はほぼ完了（収束）したように見える。2011年、2031年、2051年の予測値はいずれの世代もほぼ100％になると予想されるため、図3では、それらの数値を割愛した。

なお、「ネコ」をアクセントの面から検討すると、図3とは違う共通語化の進行状況を描く様相が読み取れる。その点については、次のアクセントに関する5項目の結果のところで詳しく述べる。

4.2　生年と調査年の両者が共通語化を促進させるタイプ

図4に示す共通語化率はアクセントに関する5項目から算出されたものであり、単一項目による数値よりも信頼性が高い可能性がある。なぜなら、測定誤差が項目間で相殺されて真値に近い数値になっていると考えられるからである。

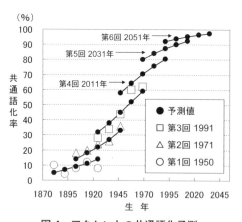

図4　アクセントの共通語化予測

グラフ全体をながめると、第3回までは生年間の違いを表すグラフの傾きが次第に急になっていくという意味で共通語化の進行速度が次第に加速していったようすが見て取れる。表1に示されているように、生年の効果と調査年の効果の両者とも統計的に有意であった。そのため、生年のほか調査年も説明変数に加えた予測式から得た予測値が観測値とうまく一致し、共通語化のカーブは一本にはつながらない。このタイプは、たとえ生年が同じ世代であっても、後の調査になればなるほど共通語化率は高くなる。これを「跳ね上がり現象」という。すなわち、同じ話者でも年齢が上になるにつれて共通語化していくことを示している。

予測値と観測値のズレがいちばん大きかったのは1991年に調査を受けた1958～1968年生まれの群で、誤差の大きさは8%であった。そのほかの大部分の群は誤差が5%以内にとどまった。あわせて、2011年8月現在でまだ調査が実施されていない第4回目（2011年）から第6回目（2051年）までの予測結果も図4には示してある。

この結果は、「見かけ上の時間（apparent time）による調査」は変化の速度を過小評価する傾向があるという説（Sankoff 2006）を強く支持するものである。見かけ上の時間とは、「臨界期に習得した言語運用能力が生涯にわたる言語運用を決定づける」という仮定のもと、若年層から老年層までのいろいろな年代層（世代）を対象に1回の調査を実施し、そこから過去の言語使用の姿を推定しようとする研究手法を指す（Labov 1972, Chambers 1998）。見かけ上の時間による調査は、ある時点で1回だけしかデータを収集しないので、たとえば図4に示す第2回調査時点の1971年に1回だけ調査をおこなったとすると、跳ね上がり現象を観測できない。そのため、変化の速さを過小評価してしまうことになる。

各項目を個別に検討した結果、203a「セナカ：共通語 LHH、方言 LHL」、207a「ネコ：共通語 HL、方言 LH」、210a「ハタ：共通語 LH、方言 HL」、228a「カラス：共通語 HLL、方言 LHL」、231a「ウチワ：共通語 LHL、方言 LLH」のいずれのグラフもこのパターンに属し、生年と調査年の効果が統計的に有意であった。207a「ネコ」は、非語頭におけるカ行有声

化の有無(図3)とは違うパターンになっている。つまり、音韻の共通語化とアクセントのそれは、変化のパターンが異なっている場合があるようである。

4.3 生年が促進効果で調査年が抑制効果を示すタイプ

音声項目223「エントツ：語頭の母音エにおける狭母音化の有無」の結果を図5に示す。分析の結果、生年のほか調査年も説明変数に加えた予測式から得た予測値が観測値とうまく一致した。この項目で予測値と観測値のズレがいちばん大きかったのは1971年に調査を受けた1914〜1924年生まれの群で、誤差の大きさは7%であった。そのほかのほとんどの群は誤差が5%以内にとどまった。

ただし、ここで注目すべきは調査年の重み a_2 が負の値になっていることである(表1参照)。これは調査年が新しいほど共通語化とは逆の方向に進んでいることを意味している。このタイプは、たとえ生年が同じ世代であっても、後の調査になればなるほど共通語化率は低くなる。これを「引き戻し現象」という。すなわち、同じ話者でも年齢が上になるにつれて方言化することを示しており、先にふれた「見かけ上の時間による調査は変化の速度を過小評価する傾向がある」という説(Sankoff 2006)とは逆になった。たとえ

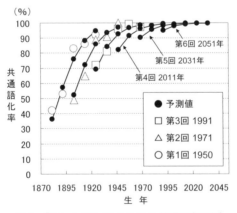

図5 「エントツ」項目223の共通語化予測

ば第2回調査時点の1971年に1回だけ調査をおこなったとすると、引き戻し現象を観測できないので、変化の速さを過大評価することになる。

4.4 そのほかのタイプ

そのほかの項目のグラフをながめると、第2回調査時の共通語化率がピークで、第3回調査時の共通語化率は第1回調査時の付近まで低下するものがある。これは、調査年によって波状的に周期変動しているのかもしれない。このタイプのデータ解析は式〔2〕の右辺を2次式や3次式にすることで対応できる。また、複雑系科学のカオス理論など他の文脈での説明モデルも想起され、今後の理論的な発展が待たれる話題である。

5. まとめ

ここでは、経年的に実施された共通語化調査データのなかに潜在している生年と調査年の効果を分離・抽出し、調査年が(生年とは逆に)方言化に寄与している実例などを統計的根拠とともに示した。図1のようなモデルを想定することで、言語変化を経年調査データから数量的に予測できる場合もあるようだ。

朝日・松田(2008)は、一般に過去の経年調査(実時間調査)では言語変化の抽象的モデルの提示とパーセンテージの吟味にとどまっていると指摘している。それは共通語化の経年調査においても例外ではなく、説明変数(独立変数)として生年と調査年、あるいは年齢層と調査年を取り上げ、目的変数(従属変数)の共通語化率が描く軌跡をグラフで視察する段階を脱していないところもある。そこから一歩踏み出し、生涯習得モデルの視点から言語変化予測式を用いた解析をおこなえば、ある地域社会の住民が当該の調査時期に脳内に蓄積していた言語記憶の平均像を読み取ることが可能になるであろう。すなわち、鶴岡市で観測された共通語化の経年変化データから、鶴岡市民の脳内に蓄積された共通語の記憶痕跡の動態を推測することも難しくはないだろう。言語変化の背後にある潜在構造をあぶり出すには心理的なモデル

に根差した理論とそれを具体的に表現するための統計的な手段の両方が必要である。

【付記】

1 本研究は JSPS 科研費 17K18501 および国立国語研究所共同研究プロジェクト「通時コーパスの構築と日本語史研究の新展開」の成果の一部である。

2 本稿は以下に掲載された論考を改訂したものである。
横山詔一（2011）「言語変化は経年調査データから予測可能か？」『国語研プロジェクトレビュー』(6)27–37

参照文献

Aitchison, Jean（1991）*Language change: Progress or decay?* 2nd edition. Cambridge: Cambridge University Press.

朝日祥之・松田謙次郎（2008）「敬語研究と実時間的言語変化研究との接点を求めて」『社会言語科学』11: 39–50.

Chambers, Jack（1998）Social embedding of changes in progress. *Journal of English Linguistics* 26: 5–36.

江川清（1973）「最近 20 年間の言語生活の変容―鶴岡市における共通語化について―」『言語生活』257: 56–63.

井上史雄（2000）『東北方言の変遷』秋山書店

井上史雄・江川清・佐藤亮一・米田正人（2009）「音韻共通語化の S 字カーブ―鶴岡・山添 6 回の調査から―」『計量国語学』26: 269–289.

国立国語研究所（1953）『地域社会の言語生活―鶴岡における実態調査―』，国立国語研究所報告 5. 秀英出版

国立国語研究所（1974）『地域社会の言語生活―鶴岡における 20 年前との比較―』，国立国語研究所報告 52. 秀英出版

国立国語研究所（1994）『鶴岡方言の記述的研究―第 3 次鶴岡調査報告 1』，国立国語研究所報告 109–1. 秀英出版

国立国語研究所（2007）『地域社会の言語生活―鶴岡における 20 年間隔 3 回の継続調査―』国立国語研究所

Labov, William（1972）*Sociolinguistic patterns.* Philadelphia: University of Pennsylvania Press.

前川喜久雄（2017）「鶴岡市共通語化調査データの確率論的再検討」『言語資源活用ワークショップ 2017 発表論文集』163–180，国立国語研究所

Sankoff, Gillian（2006）Age: Apparent time and real time. In: Keith Brown et al.（eds.）*Encyclopedia of language and linguistics*, 2nd edition, 110–115. Oxford: Elsevier.

Schaie, Warner（1996）*Intellectual development in adulthood: Seattle longitudinal study*. New York: Cambridge University Press.

Schaie, Warner and Scott Hofer（2001）Longitudinal studies in aging research. In: James E. Birren and Warner Schaie（eds.）*Handbook of psychology of aging*, 5th edition, 53–77. California: Academic Press.

Schaie, Warner and Sherry Willis（2001）*Adult development and aging*. 5th edition. New Jersey: Prentice Hall.［シャイア＆ウィルス，岡林秀樹（訳）（2006）『成人発達とエイジング　第 5 版』ブレーン出版］

横山詔一（2010）「音声共通語化の予測と検証」『日本音声学会第 24 回全国大会予稿集』3–11.

横山詔一・朝日祥之・真田治子（2008）「記憶モデルによる敬語意識の変化予測」『社会言語科学』11: 64–75.

横山詔一・真田治子（2007）「多変量 S 字カーブによる言語変化の解析―仮想方言データのシミュレーション―」『計量国語学』26: 79–93.

横山詔一・真田治子（2010）「言語の生涯習得モデルによる共通語化予測」『日本語の研究』6（2）: 31–45.

横山詔一・渡邊正孝（2007）『記憶・思考・脳』新曜社

第 8 章
反復横断調査とコウホート分析

中村隆

　本章では、反復横断調査で得られるデータの分析法であるコウホート分析について解説する。コウホート分析は、反復横断調査データ全体にコウホート（同時出生集団＝世代）の視点を導入して、年齢・時代・コウホート（世代）効果を分離しようとする統計的方法である。

　長期にわたる反復横断調査の例として「鶴岡共通語化調査」と「日本人の国民性調査」をあげることができる。「鶴岡共通語化調査」（国立国語研究所）は、1950 年に第 1 回が実施され、その後ほぼ 20 年おきに 1971、1991、2011 年と実施された（阿部・米田・前田、2014）。「日本人の国民性調査」（統計数理研究所）は、1953 年に第 1 次全国調査が実施され、以降 5 年毎に全国調査が繰り返され、2013 年には第 13 次全国調査が実施された（中村・土屋・前田、2015）。鶴岡共通語化調査はランダムサンプル調査（R 調査）とパネル調査（P 調査）から成るが、この「鶴岡共通語化 R 調査（以下、鶴岡 R 調査）」と「日本人の国民性調査（以下、国民性調査）」はいずれも、調査回ごとに新たな対象者（標本）を抽出し個別訪問面接聴取法により調査を行っている。

　反復横断調査で得られたデータに関しては、調査年別・諸属性別に集計し並立させて比較することがよく行われる。このときさらに、各調査年の年齢別集計が得られれば、コウホート（世代）という視点が導入でき、反復横断調査データ全体を有機的に結び付けながら分析することができるようになる。

　以下、コウホート分析では具体的にどのようなデータを扱うのか、用いる統計モデルはどのようなものか、また方法論上どのような問題点（識別問題）があるのかについて説明する。集計データやパネル調査データに対するコウホートモデルについても触れる。最後に問題点を克服したベイズ型コウホートモデルによる国民性調査データと鶴岡 R 調査データの分析例をあげる。

196 第4部 経年調査(実時間研究)データの解析事例

1. コウホート表

図1は、「国民性調査」の "#4.10 他人の子供を養子にするか" の回答割合(男女計)の時系列推移をプロットしたものである。1953(昭和28)年には '(子供がないときは、たとえ血のつながりがない他人の子供でも、養子にもらって家を)つがせた方がよい' が74%だったものが、以後5年毎に10ポイント程度減少を続け、1973(昭和48)年には36%までになった。さらに5年毎に5ポイント程度の減少を続け、1993(平成5)年には22%となり、以降はあまり変わらず20%前後の推移をみせている。このような戦後日本人の考え方の大きな変化はどのような要因によってもたらされたのであろうか。

表1は、男女別のうち、男性の 'つがせた方がよい' の年齢別割合の推移を整理したものである。このような調査時点×年齢区分の集計表のことを、コウホート分析の観点からは「コウホート表」と呼ぶ。調査間隔が5年で年齢区分幅が5歳というように調査間隔と年齢区分幅が一致していれば標準コウホート表、そうでなければ(たとえば調査間隔が不規則であったり年齢区分が調査時点によって異なったりすれば)一般コウホート表と呼ばれる。

さて表1で、○で囲った割合を追ってみる。左上隅のセル(枡)の56%は、1953年調査で20–24歳であった人たちの回答割合であり、この人たちは昭和8–12年生まれのコウホート(同時出生集団)に属する。このコウホートは5年後には右下のセルに移って1958年調査では25–29歳の年齢区分に入り、以下5年経つ毎に年齢区分が進み、1998年調査では65–69歳の年齢区分に入ることになる。回答割合は、56%→57%→…→42%→40%と変化している。

反復横断調査データを表1のように配したコウホート表では、時を経るにつれ同一コウホートは斜め方向に集計表のセルを辿っていく。表1の○で囲ったコウホートの上側にはより新しいコウホートが、下側にはより古いコウホートが斜め下方向に走ることになる。ここで、反復横断調査ではパネル調査とは違って同一対象者を追跡して調査するわけではないことに注意する必要がある。

第 8 章 反復横断調査とコウホート分析　197

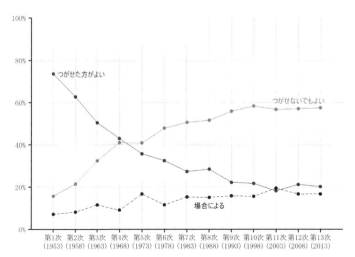

図 1 "他人の子供を養子にするか"の回答割合の推移
（男女計，日本人の国民性調査）

表 1 "他人の子供を養子にするか（つがせた方がよい）"のコウホート表
（男性、日本人の国民性調査）

	20–24	25–29	30–34	35–39	40–44	45–49	50–54	55–59	60–64	65–69
1953	(56)	70	76	72	77	80	84	91	89	68
1958	50	(57)	57	56	49	75	75	76	78	75
1963	28	41	(46)	46	56	56	56	65	69	80
1968	34	34	37	(53)	52	51	52	55	56	64
1973	24	27	31	33	(40)	46	48	48	59	57
1978	25	21	25	31	42	(43)	43	42	40	67
1983	24	21	22	22	24	38	(40)	49	32	38
1988	13	14	18	23	35	29	39	(39)	48	46
1993	23	16	25	25	25	20	29	30	(42)	30
1998	20	11	22	13	28	17	26	17	29	(40)
2003	18	17	22	17	18	22	19	24	25	20
2008	29	26	26	20	19	20	22	21	32	34
2013	22	36	17	24	30	22	19	28	35	35

198　第4部　経年調査(実時間研究)データの解析事例

　コウホート表は調査時点(時代)要因と年齢区分(年齢)要因について集計した2元表に過ぎないが、2要因が時代と年齢という特別な組合せであることからコウホート要因が生じる。そしてこのとき、

$$\text{コウホート} = \text{時代} - \text{年齢} \tag{1}$$

という関係があるため(たとえば、1933年生まれ=1953年-20歳、あるいは、=1998年-65歳)、方法論上の問題(識別問題)を生じさせることとなる。

2.　コウホートモデル

　コウホート表に想定される3つの要因(年齢・時代・コウホート)の影響の程度(効果)は次のように考えられる。

　まず年齢効果(age effect)である。生まれ育った時代環境の異なるコウホートやその時々の時代背景によらず、人の生理的な側面やライフステージに応じた意見や意識をもつようになる面がある。この効果のみが大きい場合は、人口の年齢構成の変化がないとすれば、社会全体の意見分布は安定的である。

　つぎに時代効果(period effect)である。社会環境の変化が、コウホートや年齢を区別することなく、その時々の全成員に同じように及ぶことが考えられる。この効果のみが大きい場合は、社会全体の意見分布は流動的に変化するといえる。

　第3はコウホート効果(cohort effect)である。生まれ育った時代環境の相違が世代差を生じ、この差が時代や加齢を超えて維持されるとコウホート効果となって現れる。この効果のみが大きい場合は、社会全体が世代交代により緩やかに変化していくことになる。

　さて、コウホート表の年齢区分数をIとして第i年齢区分の年齢効果をβ_i^Aで表すことにしよう($i = 1, ..., I$)。表1では、$i = 1$は20–24歳の区分であり、$I = 10$である。つづいて、調査時点数をJとして第j時点の時代効果を

β_j^P で表す($j = 1, ..., J$)。$j = 1$ は 1953 年時点であり、$J = 13$ である。さらに
コウホート区分数を K として第 k コウホートの世代効果を β_k^C で表す($k = 1,$
$..., K$)。$k = 1$ は表 1 の右上隅の 1953 年の 65–69 歳の一番古いコウホートで
あり、$K = 22$ である。

標準コウホート表では添字の間に、(1)から

$$k = j - i + I \tag{2}$$

の関係があり、区分数の間には

$$K = I + J - 1 \tag{3}$$

の関係がある。

次に、コウホート表の (i, j) セル(第 j 時点の第 i 年齢区分)の観測割合を p_{ij}
とする。これは正反応観測度数 y_{ij} をサンプルサイズ m_{ij} で割ったもの、すな
わち、$p_{ij} = y_{ij}/m_{ij}$ である。そしてこの y_{ij} が、母集団における割合を π_{ij}($0 <$
$\pi_{ij} < 1$)としたときに、サンプルサイズ m_{ij} の下で 2 項分布に従うと仮定す
る。コウホートモデルは、母集団割合 π_{ij} をロジット変換した $\eta_{ij} = \log[\pi_{ij}/$
$(1 - \pi_{ij})]$ の変動を

$$\eta_{ij} = \beta^G + \beta_i^A + \beta_j^P + \beta_k^C \tag{4}$$

のように線形和で説明するものである(η_{ij} は π_{ij} の単調増加関数であり、$-\infty$
$< \eta_{ij} < \infty$)。モデル(4)では、3 効果に次のようなゼロ和制約を課して相対化
し、総平均効果 β^G を別途導入している:

$$\sum_{i=1}^{I} \beta_i^A = \sum_{j=1}^{J} \beta_j^P = \sum_{k=1}^{K} w_k^C \beta_k^C = 0 \tag{5}$$

(w_k^C は第 k コウホートがコウホート表に現れるセルの数)。

3. 識別問題

コウホートモデルにおける方法論上の問題について説明する。次のような

200 第 4 部 経年調査(実時間研究)データの解析事例

添字 i, j, k に対して直線的に変化する 3 効果を考えてみる：

$$\alpha_i^A = i - \frac{I+1}{2}, \quad \alpha_j^P = -\left(j - \frac{J+1}{2}\right), \quad \alpha_k^C = k - \frac{K+1}{2} \tag{6}$$

これらは i, j, k をそれぞれ中心化(平均を 0 に)したものである。

$$\sum_{k=1}^{K} w_k^C k = \sum_{j=1}^{J}\sum_{i=1}^{I} k = \sum_{j=1}^{J}\sum_{i=1}^{I} (j - i + I)$$

であることに注意すると、α たちは(5)と同じゼロ和制約

$$\sum_{i=1}^{I} \alpha_i^A = \sum_{j=1}^{J} \alpha_j^P = \sum_{k=1}^{K} w_k^C \alpha_k^C = 0$$

を満たし、また和は、添字間の関係(2)、(3)を使うと、

$$\alpha_i^A + \alpha_j^P + \alpha_k^C = i - \frac{I+1}{2} - j + \frac{J+1}{2} + k - \frac{K+1}{2} = 0 \tag{7}$$

のように 0 となることを確かめることができる。

　和(7)が 0 であるから、これを任意の値 d 倍しても 0 であり、モデル(4)の右辺に足し込んでも η_{ij} は変わらない。しかし、

$$\beta_{\dagger i}^A = \beta_i^A + \left(i - \frac{I+1}{2}\right)d, \tag{8}$$

$$\beta_{\dagger j}^P = \beta_j^P - \left(j - \frac{J+1}{2}\right)d, \tag{9}$$

$$\beta_{\dagger k}^C = \beta_k^C + \left(k - \frac{K+1}{2}\right)d \tag{10}$$

と †(ダガー)を付けて整理しておくと

$$\begin{aligned}
\eta_{ij} &= \beta^G + \beta_i^A + \beta_j^P + \beta_k^C + 0 \cdot d \\
&= \beta^G + \beta_i^A + \beta_j^P + \beta_k^C + \left(\alpha_i^A + \alpha_j^P + \alpha_k^C\right)d \\
&= \beta^G + \beta_{\dagger i}^A + \beta_{\dagger j}^P + \beta_{\dagger k}^C
\end{aligned} \tag{11}$$

となり、これは、$d \neq 0$ であれば $\beta_i^A \neq \beta_{\dagger i}^A$、$\beta_j^P \neq \beta_{\dagger j}^P$、$\beta_k^C \neq \beta_{\dagger k}^C$ であるから、異なる効果の値の組合せがまったく同じ η_{ij} を与えることを示している。これがコウホート分析における識別問題である。データへの当てはまりの観点からパラメータに、ある制約をおいて予測値 $\{\hat{\eta}_{ij}\}$ を得てもそれを説明する効果の推定値 $\{\hat{\beta}_i^A\}$、$\{\hat{\beta}_j^P\}$、$\{\hat{\beta}_k^C\}$ が一意に決められないという問題である(ここで $\{\hat{\beta}_i^A\}$ のように中括弧で囲ったのは当該効果パラメータ(推定値)全体 $\{\hat{\beta}_1^A, \hat{\beta}_2^A, ..., \hat{\beta}_I^A\}$ をさしている)。

4. パラメータの漸進的変化の条件

　一意に決められないからといって、d によって変わる $\{\beta_{\dagger i}^A\}$、$\{\beta_{\dagger j}^P\}$、$\{\beta_{\dagger k}^C\}$ の間に関係がないわけではない。連動する 3 つのシーソーを思い浮かべてほしい。3 つのシーソー面それぞれの上で添字の番号の位置に $\{\beta_i^A\}$、$\{\beta_j^P\}$、$\{\beta_k^C\}$ の値をプラス・マイナスを考慮して立てたと想像してみる。そして d を動かす(連続して値を与える)と 3 つのシーソーが連動して動き、シーソーの上でギッタンバッコンして上下するのが † の付いた方の $\{\beta_{\dagger i}^A\}$、$\{\beta_{\dagger j}^P\}$、$\{\beta_{\dagger k}^C\}$ の値というわけである。

　d を極端に大きな値としてみよう。3 つのシーソーは垂直に近く立ってしまい、大きく変動する効果の値でデータの動きを説明することになる。同じ程度にデータの動きを説明するなら変動の小さい効果の方が望ましい(節約の原理)。よってこの d を上手く制御することが識別問題の克服法の手がかりとなる。

　そこで (8) ～ (10) の各効果の隣り合うパラメータの差を考えてみる。たとえば、年齢効果については

$$\beta_{\dagger, i+1}^A - \beta_{\dagger i}^A = \beta_{i+1}^A - \beta_i^A + d$$

となるから、両辺を 2 乗して $i = 1, ..., I-1$ について和をとると

$$\sum_{i=1}^{I-1}\left(\beta_{\dagger, i+1}^A - \beta_{\dagger i}^A\right)^2 = \sum_{i=1}^{I-1}\left(\beta_{i+1}^A - \beta_i^A\right)^2 + 2\left(\beta_I^A - \beta_1^A\right)d + (I-1)d^2$$

となる。右辺の第1項の中の $\{\beta_i^A\}$ がデータの動きを説明しかつ変動の小さいものだとすると、左辺の2乗和を小さくすることで d^2 を小さくし、右辺の変動の小さかった $\{\beta_i^A\}$ を左辺の $\{\beta_{+i}^A\}$ として求めることができるであろう。

これを3効果について実現しようとするのが次のパラメータの漸進的変化の条件である：

$$\frac{1}{\sigma_A^2}\sum_{i=1}^{I-1}\left(\beta_{i+1}^A-\beta_i^A\right)^2+\frac{1}{\sigma_P^2}\sum_{j=1}^{J-1}\left(\beta_{j+1}^P-\beta_j^P\right)^2+\frac{1}{\sigma_C^2}\sum_{k=1}^{K-1}\left(\beta_{k+1}^C-\beta_k^C\right)^2\to\min \tag{12}$$

3効果のそれぞれについて隣り合う効果の値の差の2乗和をとり、それらの重み付き和を小さくするという条件である。ここで重み（の逆数）σ_A^2、σ_P^2、σ_C^2 を導入したのは、3つの効果間でのトレードオフを実現するためである。これらの重みは、効果パラメータ $\{\beta_i^A\}$ たちの動きを制御するパラメータなので「超パラメータ」と呼ばれる。たとえば、σ_A^2 を小さな値にとれば $\{\beta_i^A\}$ はあまり動かせなくなり、一方 σ_A^2 を大きな値にとれば $\{\beta_i^A\}$ は大きく動かせるようになる。

5. ベイズ型モデル

コウホート表中の $I\times J$ 個のセルについて観測度数 y_{ij} を並べた観測度数ベクトルを $\boldsymbol{y}=[y_{11},y_{21},\ldots,y_{I1},\ldots,y_{ij},\ldots,y_{1J},\ldots,y_{IJ}]'$、サンプルサイズ・ベクトルを $\boldsymbol{m}$、母集団割合ベクトルを $\boldsymbol{\pi}$ とし、各セルに独立した2項分布を仮定すると、尤度関数は

$$f\left(\boldsymbol{y}\,|\,\boldsymbol{\pi},\boldsymbol{m}\right)=\prod_{i=1}^{I}\prod_{j=1}^{J}\binom{m_{ij}}{y_{ij}}\pi_{ij}^{y_{ij}}\left(1-\pi_{ij}\right)^{m_{ij}-y_{ij}} \tag{13}$$

で与えられる。

コウホートモデル(4)は、3効果をまとめた効果ベクトルを $\boldsymbol{\beta}=[\beta^G,\beta_1^A,\ldots,\beta_I^A,\beta_1^P,\ldots,\beta_J^P,\beta_1^C,\ldots,\beta_K^C]'$ とし、モデルを表現するデザイン行列を $\boldsymbol{X}$ とおくと、

$$\eta = X\beta$$

と簡潔に表すことができる（デザイン行列 X の具体的な表現については中村 (2005) を参照）。モデルはさらにゼロ和制約 (5) を考慮する必要があるので、1 次階差パラメータ $\delta_i^A = \beta_{i+1}^A - \beta_i^A$ たちを定義し、これらをまとめた階差ベクトル $\boldsymbol{\delta}_* = [\delta_1^A, \ldots, \delta_{I-1}^A, \delta_1^P, \ldots, \delta_{J-1}^P, \delta_1^C, \ldots, \delta_{K-1}^C]'$ を導入し、$\boldsymbol{\delta} = [\beta^G, \boldsymbol{\delta}_*']'$ とおき対応する適当なデザイン行列を X^* とすれば

$$\eta = X^*\boldsymbol{\delta} \tag{14}$$

となる。

　$\boldsymbol{\pi}$ はロジット $\boldsymbol{\eta}$ から逆ロジット変換により決まり、$\boldsymbol{\eta}$ はモデル (14) によって $\boldsymbol{\delta}$ から決まるので、尤度関数 (13) は $\boldsymbol{\pi}$ を $\boldsymbol{\delta}$ に置き換えた $f(\boldsymbol{y}|\boldsymbol{\delta}, \boldsymbol{m})$ と考えてよい。このようなロジットモデルは通常は最尤法により推定値 $\hat{\boldsymbol{\delta}}$ を求めればよいが、コウホートモデルの場合は識別問題のために求めることができない。

　そこでパラメータの漸進的変化の条件 (12) を付加する。(12) は

$$\frac{1}{\sigma_A^2}\sum_{i=1}^{I-1}\left(\delta_i^A\right)^2 + \frac{1}{\sigma_P^2}\sum_{j=1}^{J-1}\left(\delta_j^P\right)^2 + \frac{1}{\sigma_C^2}\sum_{k=1}^{K-1}\left(\delta_k^C\right)^2 = \boldsymbol{\delta}_*'\boldsymbol{\Sigma}^{-1}\boldsymbol{\delta}_* \to \min$$

と表わすことができるから、超パラメータ・ベクトルを $\boldsymbol{\sigma} = [\sigma_A^2, \sigma_P^2, \sigma_C^2]'$ とおき、正規分布の密度関数を利用してパラメータの漸進的変化の条件を書き換えると以下のようになる：

$$\pi\left(\boldsymbol{\delta}_*|\boldsymbol{\sigma}\right) = \left(2\pi\right)^{-\frac{L}{2}}\left|\boldsymbol{\Sigma}\right|^{-\frac{1}{2}}\exp\left(-\frac{1}{2}\boldsymbol{\delta}_*'\boldsymbol{\Sigma}^{-1}\boldsymbol{\delta}_*\right) \to \max \tag{15}$$

これはパラメータである階差ベクトル $\boldsymbol{\delta}_*$ に事前分布を仮定したことに相当する。$L = I + J + K - 3$ であり、$\boldsymbol{\Sigma} = (\sigma_A^2 \boldsymbol{E}_{I-1}) \oplus (\sigma_P^2 \boldsymbol{E}_{J-1}) \oplus (\sigma_C^2 \boldsymbol{E}_{K-1})$ である。ここで、$\boldsymbol{E}_a$ は $a \times a$ の単位行列、$\oplus$ は直和を表す。詳細については中村 (2005) を参照。

事前密度(15)と尤度関数 $f(y|\delta,m)$ により事後密度

$$\phi(\delta|\sigma,y,m) \propto f(y|\delta,m)\pi(\delta_*|\sigma)$$

を定めることができ、ベイズ型モデルが構築できた。尤度関数はデータ(観測値)とモデルによる予測値との適合のよさを表わすものであり、一方事前密度はパラメータの漸進的変化の条件(節約原理)のよさを表わすものであり、両者のバランスを考えていることになる。このベイズ型モデルは、識別問題を超パラメータ σ の決定問題に置き換えたともいえる。

残された超パラメータの決定は、事後密度をパラメータ δ_* について積分した周辺尤度の最大化による。すなわち、

$$\int_{\mathbb{R}^L} f(y|\delta,m)\pi(\delta_*|\sigma)\mathrm{d}\delta_* \to \max$$

である。ただし、この最大化問題を、推定する超パラメータの数 h を考慮した赤池情報量規準 AIC のベイズ型モデル版であるベイズ型赤池情報量規準 ABIC 最小化法(Akaike, 1980)に転換して解く。ABIC は、h を超パラメータの数として

$$\mathrm{ABIC}(\beta^G,\sigma) = -2\log\int_{\mathbb{R}^L} f(y|\delta,m)\pi(\delta_*|\sigma)\mathrm{d}\delta_* + 2(h+1) \qquad (16)$$

で定義され、この ABIC を超パラメータ σ に関して最小化する。ABIC が小さい値であるほどよいモデルということになる。

こうして求めた超パラメータ $\hat{\sigma}$ の下、パラメータ δ の推定値は事後密度の最大化により求める(MAP 推定値、Maximum a posteriori estimate)。すなわち、

$$f(y|\delta,m)\pi(\delta_*|\hat{\sigma}) \to \max \qquad (17)$$

による。得られた階差パラメータの推定値 $\hat{\delta}$ から知りたい効果パラメータの推定値 $\hat{\beta}$ をゼロ和制約(5)を考慮して復元すればよい。総平均効果の推定値 $\hat{\beta}^G$ も ABIC が最小になるよう決める。

ただし実際には、まず σ の初期値を与えて(17)により推定値 $\hat{\delta}$ を求め、

この値に基づいて (16) の ABIC の近似値を計算する。ABIC が小さくなる方向に $\boldsymbol{\sigma}$ を更新し、このようなサイクルを ABIC が最小となるまで繰り返し、最終的に最小値を与える $\hat{\boldsymbol{\sigma}}$ を得る。

6. モデル選択

超パラメータ (事前分布のパラメータ) $\boldsymbol{\sigma} = [\sigma_A^2, \sigma_P^2, \sigma_C^2]'$ の取り方が 1 つのモデルを表している。たとえば、σ_A^2 として大きな値をとると、対応する年齢効果 $\{\beta_i^A\}$ は大きな値をとることができる。一方、$\sigma_A^2 \to 0$ とすると、いずれも $\beta_i^A \to 0$ とせざるを得ない。極限としては年齢効果のないモデルとなる。このようなことを考慮し、実際には以下に示すような複数のモデルを設定し、それらの間で ABIC 最小化によるモデル選択を行う。

3 効果をもつモデル (4) を APC モデルと呼ぶことにすると、3 効果の有無により、どの効果ももたない G モデル (総平均効果のみのモデル) を始めとして、A モデル、P モデル、C モデル、AP モデル、PC モデル、AC モデルの 8 つのモデルを考えることができる。すなわち、

$$G モデル: \quad \eta_{ij} = \beta^G,$$
$$A モデル: \quad \eta_{ij} = \beta^G + \beta_i^A,$$
$$P モデル: \quad \eta_{ij} = \beta^G + \beta_j^P,$$
$$C モデル: \quad \eta_{ij} = \beta^G + \beta_k^C,$$
$$AP モデル: \quad \eta_{ij} = \beta^G + \beta_i^A + \beta_j^P,$$
$$PC モデル: \quad \eta_{ij} = \beta^G + \beta_j^P + \beta_k^C,$$
$$AC モデル: \quad \eta_{ij} = \beta^G + \beta_i^A + \beta_k^C,$$
$$APC モデル: \quad \eta_{ij} = \beta^G + \beta_i^A + \beta_j^P + \beta_k^C$$

である (この他に年齢×時代の交互作用効果をもつモデル等も考えられるがここでは触れない。中村 (2005) を参照してほしい)。

効果の有無に応じて対応する効果の超パラメータの有無があり、モデルによって超パラメータの数 h が異なる。効果が多い、より複雑なモデルは、ABIC の面でペナルティが課せられるとみることができる。

7. 集計データと個票データ

　ここまで述べてきたコウホートモデルは、反復横断調査で得られた標準コウホート表データ（調査時点×年齢区分の集計データ）に対するものであった。以下2つの節では、それ以外のデータ種別—個票データとパネル調査データ—に対するコウホートモデルについて触れておくことにする。

　コウホート分析を行うには長期にわたる調査データが必須であり、古い時点の調査では集計表の形でしか結果が残っていないことも多い。しかし、もし各調査時点で調査対象者個人単位の個票データが利用できれば、個票データに対するコウホートモデルを考えることができる。そのモデルでは、年齢・時代・コウホート以外の要因の効果を考慮したり、3要因との交互作用効果を検討したりすることができ、より詳細な分析が可能となる。

　個票データに対するコウホートモデルを、標準コウホート表と同じ設定（調査間隔と年齢区分幅・コウホート区分幅が等しい）で記述してみよう。第 j 調査時点のサンプルサイズを m_j とし、これらの総和（反復横断調査全体でのサンプルサイズ）を m とする。$m = m_1 + \ldots + m_J$ である。調査対象者 n（$n = 1, \ldots, m_1;\ m_1 + 1, \ldots, m_1 + m_2;\ \ldots, m$）の属する調査時点を $j(n)$、年齢区分を $i(n)$、コウホート区分を $k(n)(= j(n) - i(n) + I)$ とすると、モデルは、個人の正反応確率のロジットを η_n として、

$$\eta_n = \beta^G + \beta^A_{i(n)} + \beta^P_{j(n)} + \beta^C_{k(n)} + \gamma z_n$$

となる。ここで複数ありうるその他の要因の値を z_n ひとつで、またその効果を γ で代表させて記した。

　もちろんこの個票データに対するモデルについても、添え字間の関係 $k = j - i + I$ に起因するコウホート分析における識別問題は免れられない。しかし集計データと同様にパラメータの漸進的変化の条件を導入してベイズ型モデルを構成し、ABIC によるモデル選択を行うことにより分析結果を得ることができる。ただし、集計データの実質的なデータサイズが $L = IJ$ であるのに対し、個票データでは m であること、またその他の要因もあるこ

とから計算コストの増大は覚悟しなければならない。なお、その他の要因が
なければ、個票データについての3効果の推定値と集計データについての3
効果の推定値は、ゼロ和制約の任意性によるところを除いて一致する。

8.　パネル調査データのコウホートモデル

　鶴岡共通語化調査はランダムサンプル調査（鶴岡R調査）とパネル調査（鶴
岡P調査）から成っていた。パネル調査については、同一調査対象者を追跡
して複数の時点のデータを得ること、また時間が経過することによる調査対
象者の脱落でサンプルが減耗することがあり、統計モデルを考えるときに特
別な配慮が必要になる。

　パネル調査データのコウホートモデルを記述してみよう。データは集計タ
イプではなく個票タイプになる。個人 $n(n=1,...,m_1)$ の属するコウホート
区分を $k(n)$、パネル調査初回調査時点における年齢区分を $i(n)$ とし、第 t 波
（同一個人に対する t 回目の調査時点、個人 n が $T(n)$ 波まで調査されたとし
て $t=1,...,T(n)$）の正反応確率のロジットを η_{nt} とすると、モデルは

$$\eta_{nt} = \beta^G + \beta^A_{i(n)+t-1} + \beta^P_t + \beta^C_{k(n)} + \gamma z_n + \xi_n$$

となる。どの調査波についてもコウホート効果 $\beta^C_{k(n)}$ は同一であることに注意
する。ここでもその他の要因 z を象徴的に含めた。ξ_n は個人の変量効果で
ある。

　実は鶴岡共通語化調査においては、各回の鶴岡P（パネル）調査の第1波
の調査は鶴岡R（ランダムサンプル）調査各回の結果そのものであり、R調
査の各回からP調査の第2波以降が垂れ下がる構造をとっている。たとえ
ば、第1回（1951年）鶴岡P調査の第1波調査は第1回鶴岡R調査と同じこ
とであり、有効サンプルサイズは $N_1 = 496$ であった。この第1回パネル調
査の完了者数は、第2波（1971年）調査では107、第3波（1991年）調査では
53、第4波（2011年）調査では4と、減耗が進んだ。長期に渡るパネル調査
として致し方のないことである。大きな減耗を補う意味でもP調査とR調

208 第4部 経年調査(実時間研究)データの解析事例

査データ全体を利用するコウホートモデルを考えるべきである。

鶴岡R調査の各回の調査対象者 $n(n = 1, ..., m)$ が属する調査回を $j(n)$、年齢区分を $i(n)$、コウホート区分を $k(n)(= j(n) - i(n) + I)$ とし、各調査対象者についてのパネル調査の波を $t(t = 1, ..., T(n))$ とすると、正反応確率のロジットを η_{nt} として、次のようになる。

$$\eta_{nt} = \beta^G + \beta^A_{i(n)+t-1} + \beta^P_{j(n)+i-1} + \beta^C_{k(n)} + \gamma z_n + \xi_n.$$

もちろんこのような反復横断＋パネル調査データに対するモデルについても、コウホート分析における識別問題は同様に免れられない。パラメータの漸進的変化の条件を導入したベイズ型モデルを構成する必要がある。ただし残念ながらまだ手つかずである。

9. "他人の子供を養子にするか"(国民性調査)の分析結果

最後の2つの節で、反復横断調査で得られたコウホート表データの分析例を示す。

表2は、表1で示した「国民性調査」の "#4.10 他人の子供を養子にするか" の 'つがせた方がよい'(男性)のコウホート分析モデル選択表である。最適モデルは時代効果とコウホート効果をもつ PC モデルであった。2位のモデルは3効果をもつ APC モデルであり、ABIC の差(ΔABIC)はほぼ2で、年齢効果はあっても小さいと考えられる。3位の AP モデル以下は、ABIC の差が49以上と大きく、男性のこの回答については PC モデルが適当であると判断される。

表3は、女性の 'つがせた方がよい' のコウホート分析モデル選択表である。最適モデルは3効果をもつ APC モデルであった。2位の PC モデルとの ABIC の差は11以上あり、年齢効果が認められると考えられる。3位以下のモデルとは ABIC の差が42以上あり、女性のこの回答については APC モデルが適当であると判断される。

図2には、男性の最適モデル PC と女性の最適モデル APC の3効果をプ

第8章　反復横断調査とコウホート分析　209

表2　"他人の子供を養子にするか（つがせた方がよい）"のコウホート分析
モデル選択表（男性）

Model	ABIC	ΔABIC	h	$\hat{\kappa}_A$	$\hat{\kappa}_P$	$\hat{\kappa}_C$	$\hat{\kappa}_{AP}$
PC	180.5608	–	3	*	−4.64	−4.56	*
APC	182.5607	1.9999	4	−15.83	−4.64	−4.56	*
AP	230.1883	49.6275	3	−5.29	−3.45	*	*
AC	271.8166	91.2558	3	−7.05	*	−3.69	*
C	315.7682	135.2074	2	*	*	−3.91	*
P	541.6493	361.0884	2	*	−3.71	*	*
A	1486.2300	1305.6692	2	−6.60	*	*	*
G	1599.7412	1419.1804	1	*	*	*	*

表3　"他人の子供を養子にするか（つがせた方がよい）"のコウホート分析
モデル選択表（女性）

Model	ABIC	ΔABIC	h	$\hat{\kappa}_A$	$\hat{\kappa}_P$	$\hat{\kappa}_C$	$\hat{\kappa}_{AP}$
APC	202.8699	–	4	−6.76	−3.87	−5.26	*
PC	214.6055	11.7357	3	*	−4.02	−5.03	*
AP	245.0414	42.1715	3	−5.29	−3.03	*	*
AC	319.2389	116.3691	3	−4.58	*	−3.42	*
P	528.7583	325.8884	2	*	−3.24	*	*
C	640.7969	437.9271	2	*	*	−3.85	*
A	2441.5625	2238.6926	2	−7.21	*	*	*
G	2478.9345	2276.0646	1	*	*	*	*

ロットした。左から順に時代効果、年齢効果、コウホート効果のパネルに
なっており、マーカー・線種の●に破線が男性の、○に実線が女性の結果で
ある。マーカーが上にあるほど、'つがせた方がよい'の割合を高くする効
果があることを示す。

　男性・女性とも'つがせた方がよい'の時代効果は、大きくみれば、図1
でみた男女計の下降トレンドにある。戦後日本の社会環境の変化がコウホー
トや年齢を区別することなく、その時々の全成員に同じよう影響を及ぼして
きたことがみてとれる。ただし、男性については近年反転傾向にあるのは注
目に値する。その理由の探求とともに今後の推移を見守る必要があろう。

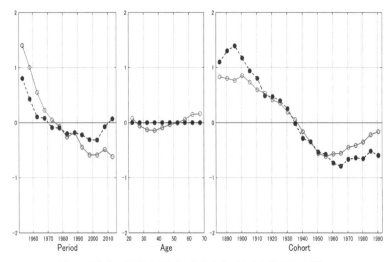

図 2 "他人の子供を養子にするか（つがせた方がよい）"の
コウホート分析結果（男性●，女性○）

年齢効果は、男性については認められなかった。女性については、結婚や出産などが自らに関わってくる年代では'つがせた方がよい'が低下する傾向にあることがわかる。

10. 共通語率"非鼻音・窓（マド）"（鶴岡 R 調査）の分析結果

図3に、鶴岡 R 調査の音声項目から非鼻音化に分類される「窓（マド）」の共通語率の変化を示した。データ自体は左右のパネルでまったく同じものであるが、横軸に、左パネルは各調査時点の年齢を、右パネルは出生年（コウホート）をとり、3時点の結果を比較している。左パネルでは、その時々の年齢別傾向と全体としての共通語率の上昇がわかり、右パネルでは、多少の段差に目をつぶれば、コウホートが新しくなるにつれ共通語率が高くなり、世代ごとに共通語化が進んできた様子がみえる。

なお、鼻音化とは「非語頭におけるザ行・ダ行・バ行の直前の入りわたり鼻音の有ること」とされ、東北方言に広く認められる特徴とのことである。

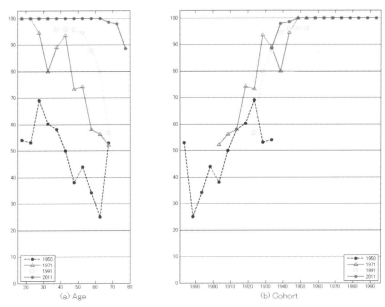

**図3 共通語率"非鼻音・窓(マド)"の年齢・コウホート別の推移
(男女計,鶴岡言語R調査)**

鶴岡調査の音声項目としては他に「鈴(スズ)」「帯(オビ)」があり、3者ともよく似た推移を示している(「鈴(スズ)」の分析結果は中村(2013)にある)。

鶴岡R調査データをコウホート分析する際に考慮すべき点として、調査間隔がほぼ20年ということがある。分析にあたっては、まず調査年が等間隔の1951、1971、1991、2011年であるとして扱った。また、調査間隔が広すぎる点に関しては、世代効果のパラメータの区分幅を5〜12年と変えてABICを最小にする区分幅を選定するという方策をとった。

図4に、図3に示した音声項目「窓」の共通語率のコウホート分析結果を示す。「窓」については、APCモデルが、世代効果の区分幅は8年が選択され、3効果とも有意とみることができる。値が上にあるほど、共通語率が高くなることを意味する。

まず図4右パネルの世代効果の変化幅が大きいことがみてとれ、図3右パネルでみたコウホートによる共通語化の進行の印象を裏付けてくれる。図

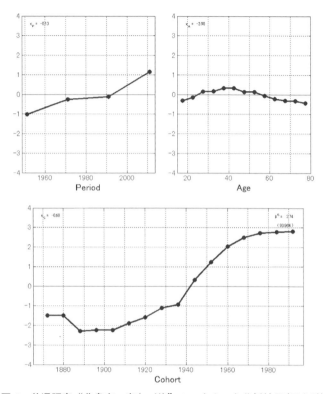

図4 共通語率"非鼻音・窓(マド)"のコウホート分析結果(男女計)

4左パネルの時代効果も、1991から2011年への上昇が大きく、解釈困難であり目をつぶった図3の段差をうまく説明するものとなっている。

鶴岡共通語化調査の音声・アクセント項目は全部で36項目あるが、1つを除いた35項目のコウホート分析を通して、「窓」と同様の世代効果が大きく支配的であり(34項目)、時代効果もすべての項目(35項目)で認められた。年齢効果が認められる項目は半数以下と少なかった(14項目)。鶴岡市全体としての共通語化の進展は、第1に世代交代によっていたのであり、1950年代から1970年代への終戦直後からしばらくの日本社会の変化と1990年代から2010年代にかけての社会の変化が駆動していたとみることができる。

参考文献

阿部貴人・米田正人・前田忠彦(2014)『第4回鶴岡市における言語調査 ランダムサンプリング調査の概要 資料編：第1分冊「音声・音韻」編』統計数理研究所・国立国語研究所

Akaike, H. (1980) Likelihood and the Bayes procedure. Bayesian Statistics (eds. J. M. Bernardo, M. H. DeGroot, D. V. Lindley and A. F. M. Smith), 143–166. Valencia: University Press.

中村隆(2005)「コウホート分析における交互作用効果モデル再考」『統計数理』53(1), 103–132.

中村隆(2013)「コウホート分析入門—鶴岡調査データを例に—」『統計』3月号, 50–54.

中村隆・土屋隆裕・前田忠彦(2015)『国民性の研究 第13次全国調査—2013年全国調査—』統計数理研究所調査研究リポート, 116.

第 5 部

鶴岡調査の研究資料

Webサイトで公開されている研究資料は永続性が保証されたものでないため、いろいろな面で不安定である。たとえば、検索エンジンを使って「鶴岡調査」の資料を検索してみると、順位は上位にありながらもアクセス不可になっている場合がある。経年調査は後の時代に数十年かけて引き継がれていくことや、後世の学術研究論文に引用されることなどを考慮すると、紙媒体での記録を文献として残しておくことは学界への寄与として望ましいであろう。以上の理由から、鶴岡調査に関する研究資料の一部を本書に収録することにした。

　具体的には、第2部でも述べたように、鶴岡調査の第1回（1950年）から第3回（1991年）までの実時間研究に利用できるデータベースの解説書『鶴岡調査データベース ver.2.0 解説（改訂版）』（国立国語研究所 2017）を鶴岡調査の全体像を理解するための参考資料として紹介する。これは国立国語研究所の下記のサイトから PDF 形式で公開されているものである。国立国語研究所から許諾を得て、全文をそのまま転載する運びとなった。

■日本語の大規模経年調査に関する総合的研究
http://www2.ninjal.ac.jp/longitudinal/

　なお、岡崎調査のデータベースも国立国語研究所の上記のサイトから公開されている。その内容については以下の鑓水・阿部（2017）に詳細かつ分かりやすい説明がある。

　　鑓水兼貴・阿部貴人（2017）「敬語の調査はどのように分析するか」『敬
　　　語は変わる―大規模調査からわかる百年の動き―』井上史雄編、
　　　251–271、大修館書店

（横山詔一）

【付記】　この第5部は、国立国語研究所フィージビリティスタディ「言語の生涯変化理論構築に向けた準備研究」の成果の一部である。

鶴岡調査データベース ver.2.0

解説（改訂版）

国立国語研究所

2017 年 12 月 20 日

220　第 5 部　鶴岡調査の研究資料

鶴岡調査データベース ver.2.0 解説（改訂版）

目次

第 1 部　データの概要 4

  1．鶴岡調査データベース VER.2.0 について 4
  2．鶴岡調査の概略 4
  3．調査対象者数 5
  4．データ項目 6
  5．データベース作成の方針 9
  6．鶴岡調査の組織 9

第 2 部　コードブック 11

  1．コードブックの構成 11
  2．基礎項目 11
    調査対象者通し番号 11
    調査対象者 No. 11
    調査回 12
    サンプル種別 12
    パネル ID 12
    パネル種別 12
    性別 13
    生年 13
    年齢 13
    年代 13
    居住地 14
    言語形成地 15
    言語形成地コード 15
    言語形成期の鶴岡居住年数 15
    言語形成期の山形県居住年数 16
    職業 16
    学歴 17
    父親の出身地 17
    母親の出身地 17
    配偶者の出身地 18
  3．音声・音韻項目 19
    201. クチ（口；有声性） 19
    202. ヒゲ（髭；唇音性Ⅱ） 20
    203. セナカ（背中；口蓋性） 20

2

203a. セナカ（背中；アクセント） 21
204. アセ（汗；口蓋性） 21
205. ハチ（蜂；有声性） 22
206. ハト（鳩；有声性） 22
207. ネコ（猫；有声性） 23
207a. ネコ（猫；アクセント） 23
208. ヘビ（蛇；唇音性Ⅱ） 24
209. マド（窓；鼻音性） 24
210. ハタ（旗；有声性） 25
210a. ハタ（旗；アクセント） 25
211. スズ（鈴；鼻音性） 26
212. オビ（帯；鼻音性） 26
213. クツ（靴；有声性） 27
214. カキ（柿；有声性） 27
215. マツ（松；有声性） 28
216. スイカ（西瓜；唇音性Ⅰ） 28
217. カヨウビ（火曜日；唇音性Ⅰ） 29
218. ヒャク（百；唇音性Ⅱ） 29
219. ゼイムショ（税務署；口蓋性） 30
220. イキ（息；イとエⅡ） 31
221. エキ（駅；イとエⅠ） 32
222. イト（糸；イとエⅡ） 33
223. エントツ（煙突；イとエⅠ） 34
224. チジ（知事；中舌音Ⅱ） 35
225. チズ（地図；中舌音Ⅰ） 35
226. シマ（島；中舌音Ⅱ） 36
227. スミ（墨；中舌音Ⅰ） 36
228. カラス（烏；中舌音Ⅰ） 37
228a. カラス（烏；アクセント） 37
229. カラシ（辛子；中舌音Ⅱ） 38
230. キツネ（狐；中舌音Ⅰ） 38
231. ウチワ（団扇；中舌音Ⅱ） 39
231a. ウチワ（団扇；アクセント） 40
4. 言語生活項目 41
　C1. 家の中のことば 41
　C2. 近所の顔見知りとのことば 42
　C3. 鶴岡で顔見知りでない人とのことば 42
　C4. 旅の人とのことば 43
5. その他の項目 44
　調査者 No. 44
6. 度数表 45

222　第5部　鶴岡調査の研究資料

第1部　データの概要

1．鶴岡調査データベース ver.2.0 について

　鶴岡調査データベースは，国立国語研究所共同研究プロジェクト（基幹型）「文字環境のモデル化と社会言語科学への応用」（プロジェクトリーダー：横山詔一，2009 年 10 月～2016 年 3 月）及び「日本語の大規模経年調査に関する総合的研究」（プロジェクトリーダー：井上史雄，2012 年 4 月～2016 年 3 月）において，整備したものである。データ整備は主に阿部貴人（現専修大学准教授，元国立国語研究所プロジェクト非常勤研究員）が担当し，2017 年 4 月 26 日に鶴岡調査データベース ver.1.0 を公開した。

　今回，第 2 回調査・第 3 回調査のパネルサンプルの回答データ（音声・音韻項目）を追加収録し，鶴岡調査データベース ver.2.0 として公開するものである。ver.2.0 の公開にあたり，追加項目の整備，ver.1.0 の統一コード及び収録データの見直し，コード使用度数表の作成，解説書の改訂を行った。この作業は，高田智和，鑓水兼貴，横山詔一，前川喜久雄が担当した。

　本データベースを利用して研究を行った場合は，クレジットとして，以下の情報を記載してくださるようお願いする（国立国語研究所のサイト改変により，アドレスが変更になった場合は，適宜変更されたい）。

　　　著作者：　国立国語研究所
　　　データベース名：　鶴岡調査データベース ver.2.0
　　　ダウンロードサイト：　http://www2.ninjal.ac.jp/longitudinal/

　鶴岡調査データベース ver.2.0 は，Microsoft Excel 形式（xlsx）で配布する。

　　　tsuruoka-database-2.0.xlsx

　また，ver.1.0 からの修正箇所（ver.2.0 で追加したパネルサンプルの回答データを除く）を記述したファイルも配布する。

　　　tsuruoka-database-2.0-modification.txt

2．鶴岡調査の概略

　国立国語研究所と統計数理研究所は，山形県鶴岡市を定点観測フィールドとして「地域社会における方言の共通語化」に関する実態調査（以下，鶴岡調査）を 1950 年（昭和 25 年）から 2011 年（平成 23 年）まで約 20 年間隔で 4 回にわたって経年的に実施してきた。

4

鶴岡市は山形県の庄内地方南部に位置する。旧鶴岡藩（通称，庄内藩）の城下町で，文化・経済の中心都市として栄えた。

鶴岡調査で用いられた質問項目は，音韻・アクセント，語彙，文法などに関する「言語項目」と，言語行動と言語意識を含む「言語生活項目」から成る。

鶴岡調査は，第1回〜第4回調査まで，いずれも物資配給台帳や住民基本台帳などにもとづいて無作為に抽出されたサンプルを調査対象者（インフォーマント）としてきた。この調査は方法論の面で以下の3つの特長がある。

(1) 言語変化に関する世界最長の「実時間研究」である。
(2) 約20年間隔でランダムサンプリングを実施し，毎回約400名前後の調査対象者に対して基本的に同じ質問項目を4回繰り返した「トレンド調査」である。
(3) トレンド調査に参加した調査対象者を約20年間隔で経年的に追跡し，基本的に同じ質問項目を繰り返した「パネル調査」データを含む。

鶴岡調査の報告書は以下のものが刊行されている。鶴岡調査の詳細は報告書を参照されたい。

第1回調査　『地域社会の言語生活：鶴岡における実態調査（国立国語研究所報告5）』（国立国語研究所，1953）
第2回調査　『地域社会の言語生活：鶴岡における20年前との比較（国立国語研究所報告52）』（国立国語研究所，1974）
第3回調査　『地域社会の言語生活：鶴岡における20年間隔3回の継続調査』（国立国語研究所，2007）
第4回調査　『第4回鶴岡市における言語調査　ランダムサンプリング調査の概要　資料編：第1分冊「音声・音韻」編』（統計数理研究所・国立国語研究所，2014）
　　　　　　『第4回鶴岡市における言語調査　資料編：第2分冊「語彙・文法　言語生活項目」編』（統計数理研究所・国立国語研究所，2015）

3．調査対象者数

鶴岡調査データベース ver.2.0には，第1回〜第3回調査までの回答データを収録している。第1回〜第3回調査までの調査対象者の総数は1,717である。これは，第1回〜第3回調査において調査を行った調査対象者の延べ人数である。

鶴岡調査は，前述のように，トレンド調査（以下，ランダムサンプリング調査）とパネル調査を実施してきた。ランダムサンプリング調査の調査対象者をランダムサンプル，パネル調査の調査対象者をパネルサンプルとして，第1回〜第3回調査までの調査対象者の内訳を表1に示す。

なお，第3回調査では，パネルサンプルの資格者が，ランダムサンプルになった事例が6件ある。6件とも，第2回・第3回調査の2回連続で，ランダムサンプルになったものである。ランダムサンプルであり，かつパネルサンプルであるため，ランダム・パネル共通サンプルと呼ぶ。

表1 鶴岡調査の調査対象者の内訳

	第1回調査 (1950年)	第2回調査 (1971年)	第3回調査 (1991年)
ランダムサンプル	496	401	399
ランダム・パネル共通サンプル	0	0	6
パネルサンプル	0	107	308
合計	496	508	713

また，第1回〜第3回調査までのランダムサンプルとパネルサンプルとの関係は図1のようになる。サンプル数を添えて示す。

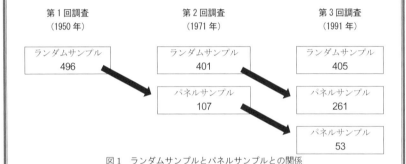

図1 ランダムサンプルとパネルサンプルとの関係

パネルサンプルの類型とそれぞれのサンプル数は，次の通りである。

(1) 第1回・第2回・第3回調査の3回連続　　53サンプル
(2) 第1回・第2回調査の2回連続　　54サンプル
(3) 第2回・第3回調査の2回連続　　261サンプル

4．データ項目

鶴岡調査データベース ver.2.0 には，以下の項目を収録した。本データベースの質問番号（統一番号）を〔〕，ver.2.0で増補した項目には*を添えて示す。

調査対象者の属性に関する基礎項目（19項目）
- 調査対象者通し番号*
- 調査対象者 No.
- 調査回
- サンプル種別*
- パネル ID*
- パネル種別*
- 性別
- 生年
- 年齢
- 年代
- 居住地*
- 言語形成地
- 言語形成地コード
- 言語形成期の鶴岡居住年数
- 言語形成期の山形県居住年数
- 職業
- 学歴
- 父親の出身地
- 母親の出身地

第1回～第3回の全調査で実施した音声・音韻項目（36項目）
(1) 唇音性 I（合拗音 kwa の有無を見る項目）
　　　西瓜（スイカ）の「カ」〔216〕
　　　火曜日（カヨウビ）の「カ」〔217〕
(2) 唇音性 II（ハ行における両唇音の有無を見る項目）
　　　髭（ヒゲ）の「ヒ」〔202〕
　　　蛇（ヘビ）の「ヘ」〔208〕
　　　百（ヒャク）の「ヒャ」〔218〕
(3) 口蓋性（「セ」「ゼ」における口蓋化の有無を見る項目）
　　　背中（セナカ）の「セ」〔203〕
　　　汗（アセ）の「セ」〔204〕
　　　税務署（ゼイムショ）の「ゼ」〔219〕
(4) 有声性（非語頭におけるカ行・タ行の有声化の有無を見る項目）
　　　口（クチ）の「チ」〔201〕
　　　蜂（ハチ）の「チ」〔205〕
　　　鳩（ハト）の「ト」〔206〕
　　　猫（ネコ）の「コ」〔207〕
　　　旗（ハタ）の「タ」〔210〕
　　　靴（クツ）の「ツ」〔213〕
　　　柿（カキ）の「キ」〔214〕

松（マツ）の「ツ」〔215〕

(5) 鼻音性（非語頭におけるザ行・ダ行・バ行の直前の入りわたり鼻音の有無を見る項目）

窓（マド）の「ド」〔209〕

鈴（スズ）の「ズ」〔211〕

帯（オビ）の「ビ」〔212〕

(6) 中舌音Ⅰ（ウ段音における中舌化の有無を見る項目）

地図（チズ）の「ズ」〔225〕

墨（スミ）の「ス」〔227〕

烏（カラス）の「ス」〔228〕

狐（キツネ）の「ツ」〔230〕

(7) 中舌音Ⅱ（イ段音における中舌化の有無を見る項目）

知事（チジ）の「ジ」〔224〕

島（シマ）の「シ」〔226〕

辛子（カラシ）の「シ」〔229〕

団扇（ウチワ）の「チ」〔231〕

(8) イとエⅠ（語頭の母音エにおける狭母音化の有無を見る項目）

駅（エキ）の「エ」〔221〕

煙突（エントツ）の「エ」〔223〕

(9) イとエⅡ（語頭の母音イにおける中舌母音の有無を見る項目）

息（イキ）の「イ」〔220〕

糸（イト）の「イ」〔222〕

(10) アクセント

背中（セナカ）〔203a〕

猫（ネコ）〔207a〕

旗（ハタ）〔210a〕

烏（カラス）〔228a〕

団扇（ウチワ）〔231a〕

場面による使い分け意識についての言語生活項目（4項目）

● 家の中のことば　〔C1〕

● 近所の顔見知りとのことば　〔C2〕

● 鶴岡で顔見知りでない人とのことば　〔C3〕

● 旅の人とのことば　〔C4〕

調査に関するその他の項目（1項目）

● 調査者 No.*

5．データベース作成の方針

鶴岡調査データベースは以下の方針によって作成した。

(1) 第1回～第4回調査において継続して実施した質問項目を収録する。
(2) 調査票の設計にしたがって統一コードを設定し，回答をコード化する。

言語使用の経年変化を捉えるためのデータベースとして，第1回～第4回調査を通して，継続して実施された質問項目をデータ化の対象とする。そのため，各調査回独自の質問項目は収録の対象外とする。ver.2.0は第1回～第3回調査までの主として音声・音韻項目の収録にとどまるが，今後，第4回調査の回答データや語彙・文法項目，言語生活項目の収録を行い，データベースの拡張を予定している。

また，各質問項目は，第1回調査（1950年）の実施以前に，共通語との対比で鶴岡の地域言語の特徴を分析し，設定されたものである。変化を捉えるための観点が，調査票の分類コードとして実現されている。分類コードは，調査者が調査対象者の回答を分類し，各調査回の報告書作成時の集計に用いられている。データベースの作成においても，各調査回の調査票の分類コードに基づいて統一コードを設定し，各調査回の調査結果を共通の枠組みで通覧できるようにした。

6．鶴岡調査の組織

最後に，第1回～第3回鶴岡調査の研究組織を掲載する。

第1回調査（1950年）
岩淵悦太郎，中村通夫，柴田武，林知己夫，飯豊毅一，北村甫，島崎稔，山之内るり，金田一春彦，青山博次郎，西平重喜，浅井恵倫，森岡健二，上甲幹一，岡部英子，山崎英子，田熊雅子，野元菊雄，山本尚美，安藤舎予子，寺島愛，友部浩，関善二
※昭和25年度文部省科学試験研究費補助金「地域社会の言語生活—鶴岡における実態調査—」の助成を受けた。

第2回調査（1971年）
岩淵悦太郎，野元菊雄，飯豊毅一，徳川宗賢，本堂寛，佐藤亮一，中村明，高田誠，江川清，村木新次郎，南不二男，渡辺友左，鈴木裕久，倉沢進，林知己夫，鈴木達三，林文，高橋和子，平野秀子，大高道子，時永沙代子，高田正治，井上史雄，上野善道，真田信治，小林信子，堀江よし子，日高貢一郎，田中ハル子
※昭和46年度文部省科学研究費試験研究費「社会変化と言語生活の変容」の助成を受けた。

228 第5部 鶴岡調査の研究資料

第3回調査（1991年）

江川清，米田正人，杉戸清樹、熊谷康雄，相澤正夫，伊藤雅光，前川喜久雄，尾崎喜光，横山詔一、井上優、大西拓一郎、池田理恵子，白沢宏枝，辻野都喜江，塚田実知代，礒部よし子，米田純子，佐藤亮一，今石元久，井上史雄，高田誠，真田信治，鈴木敏昭，吉岡泰夫，沢木幹栄，加藤和夫，佐藤和之，金沢裕之，水野義道，新田哲夫，渋谷勝己，篠崎晃一，早野慎吾，堀司郎

※平成3〜4年度文部科学省科学研究費補助金 総合研究（A）「地域社会の言語生活―鶴岡市における戦後の変化―」の助成を受けた。

鶴岡調査データベース ver.2.0 解説　229

第2部　コードブック

1．コードブックの構成

　第2部「コードブック」では，鶴岡調査データベース ver.2.0 に収録した，基礎項目，音声・音韻項目，言語生活項目（場面による使い分け意識），その他の項目の順に，統一コード表を掲げる。また，末尾にコード使用度数表を掲載する。

2．基礎項目

　基礎項目は，調査対象者 No.や性別，生年といった調査対象者の属性に関する項目である。

調査対象者通し番号

コード
1〜1717

　調査対象者の通し番号である。第1回調査ランダムサンプル，第2回調査ランダムサンプル，第2回調査パネルサンプル，第3回調査ランダムサンプル，第3回調査パネルサンプルの順に並べ，通し番号を自然数で記入した。

調査対象者 No.

コード	内訳
01000〜54104	第1回調査
010001〜899101	第2回調査
001K〜500K, 001P〜370P	第3回調査

　各調査における調査対象者 No.を記す。第1回調査は数字5桁，第2回調査は数字6桁，第3回調査は数字3桁とアルファベット1文字（ランダムサンプルは「継続」の「K」，パネルサンプルは「パネル」の「P」）である。なお第1回調査では，調査対象者 No.の数字5桁の後にプライム（ダッシュ）が付いているものがある（52サンプル）。
　ランダムサンプリング調査の調査対象者 No.はサンプリングを終えた段階で与えるものである。また，パネル調査の調査対象者 No.は前の回の調査対象者のリストを作成した段階で与えるもの

11

230　第 5 部　鶴岡調査の研究資料

である。転出や調査拒否などにより，すべての対象者に対して面接調査が行えるわけではないため，調査完了となった調査対象者 No.は連番にはならない。

　第 3 回調査では，ランダム・パネル共通サンプルが 6 件ある。ランダム・パネル共通サンプルは，ランダムサンプルの調査対象者 No.とパネルサンプルの調査対象者 No.とを，ランダムサンプル，パネルサンプルの順にセミコロン（;）でつないで併記した。

調査回

コード	内訳
1	第 1 回調査
2	第 2 回調査
3	第 3 回調査

サンプル種別

コード	内訳
ランダム	ランダムサンプル
ランダム・パネル	ランダム・パネル共通サンプル
パネル	パネルサンプル

　サンプルの種別を示した。サンプル種別は「第 1 部 4.調査対象者数」を参照。

パネル ID

コード
P0001～P0567

　パネルサンプルの同定用にパネル ID を設けた。パネル ID は「P」と数字 4 桁の組み合わせである。

パネル種別

コード	内訳
123	第 1 回・第 2 回・第 3 回調査の 3 回連続
12	第 1 回・第 2 回調査の 2 回連続
23	第 2 回・第 3 回調査の 2 回連続

パネルサンプルの種別を示した。パネル種別は「第1部 4.調査対象者数」を参照。

性別

コード	内訳
1	男
2	女

生年

コード
西暦（4桁数字）

年齢

コード
年齢（2桁数字）

調査年（1950, 1971, 1991）から「生年」を引き算して，機械的に算出したものである。

年代

コード	内訳
1	10代
2	20代
3	30代
4	40代
5	50代
6	60代
7	70代
8	80代
9	90代

※ver.2.0では，パネル調査のデータを追加したため，統一コード「7：70代」「8：80代」「9：90代」を新たに設けた。

「年齢」を「10歳刻みの年代」データに数値化したものである。

232　第5部　鶴岡調査の研究資料

居住地

コード
町域名（テキスト）

　調査対象者の調査時の居住地を，鶴岡市内の場合は町域名，鶴岡市外の場合（主にパネルサンプルの場合）は「山形県○○郡○○町」のように記した。
　各調査回の町域名は次の通りである。

第1回調査（1950年）
　新士町，荒町，泉町，五日町，駅前，大海町，鍛治町，賀島町，家中新町，上肴町，紙漉町，銀町，幸町，栄町，七軒町，島，下肴町，十三軒町，新斎部，新町，新屋敷町，大宝寺，鷹匠町，高畑町，宝町，天神町，十日町，鳥居町，仲道，七日町，新形，二百人町，八間町，馬場町，番田，日枝，一日市町，檜物町，日和町，三日町，南町，最上町，元曲師町，八坂町，柳田，八日町，吉住町，与力町，若葉町
　※大宝寺第一・弟二・第三・第四は「大宝寺」にまとめた。

第2回調査（1971年）
　青柳町，泉町，稲生町，家中新町，上畑町，三光町，山王町，昭和町，新海町，神明町，末広町，文園町，千石町，大東町，大宝寺町，宝町，鳥居町，新形町，錦町，馬場町，日吉町，双葉町，本町一丁目，本町二丁目，本町三丁目，みどり町，美原町，三和町，睦町，陽光町，若葉町，山形県東田川郡羽黒町

第3回調査（1991年）
　青柳町，泉町，稲生一丁目，稲生二丁目，井岡，大塚町，大西町，家中新町，上畑町，切添町，小真木原町，小淀川，三光町，山王町，城南町，城北町，昭和町，新海町，新斎部，神明町，末広町，砂田町，千石町，大東町，大宝寺，大宝寺町，高坂，宝田二丁目，宝町，長者町，朝暘町，茅原，道形，道形町，外内島，鳥居町，苗津町，新形，新形町，錦町，西新斎町，馬場町，番田，日枝，東新斎町，東原町，日出一丁目，日出二丁目，日吉町，双葉町，文園町，文下，本町二丁目，本町一丁目，本町三丁目，道田町，みどり町，美原町，三和町，睦町，陽光町，淀川町，若葉町，山形県西田川郡温海町，山形県西村山郡朝日町，山形県東田川郡櫛引町，山形県東田川郡三川町

　第1回調査（1950年）と第2回調査（1971年）との間に，鶴岡市内の町域名が大きく変更されている。新旧町域名の対応は，第2回調査の報告書『地域社会の言語生活：鶴岡における20年前との比較』（国立国語研究所，1974）のp.46を参照されたい。

鶴岡調査データベース ver.2.0 解説　233

言語形成地

コード
地域名(テキスト)

　5歳～13歳までの9年間のうち，5年以上を過ごした地域名を記した。鶴岡市の場合は「鶴岡市」とし，鶴岡を除く山形県内の地域名は「山形県○○市」のようにした。また，山形県以外の場合は，「東京都」や「広島県」のように都道府県名とした。

　5歳～13歳の期間は，第1回調査の報告書『地域社会の言語生活：鶴岡における実態調査（国立国語研究所報告5)』(国立国語研究所，1953) による言語形成期の考え方に基づいている。

言語形成地コード

コード	内訳
1	鶴岡市
2	鶴岡市以外の山形県
3	山形県以外の都道府県
99	不明

　「言語形成地」を数値化したものである。

言語形成期の鶴岡居住年数

コード	内訳
0	0年
1	1年
2	2年
3	3年
4	4年
5	5年
6	6年
7	7年
8	8年
9	9年
99	不明

　5歳～13歳の間に鶴岡市に居住した期間（年数）を記した。

234 第5部 鶴岡調査の研究資料

言語形成期の山形県居住年数

コード	内訳
0	0年
1	1年
2	2年
3	3年
4	4年
5	5年
6	6年
7	7年
8	8年
9	9年
99	不明

5歳〜13歳の間に鶴岡市を含む山形県に居住した期間（年数）を記した。

職業

コード	内訳
1	専門的・技術的職業従事者
2	管理的職業従事者
3	事務的従事者
4	販売従事者
5	サービス職業従事者
6	保安職業従事者
7	農林漁業従事者
8	運輸・通信従事者
9	生産工程・労務作業者
10	分類不能の職業
11	無職（主婦・学生を含む）
99	不明

総務省統計局『日本標準職業分類』（平成9年12月改定，平成14年6月に一部改定）に準拠して調査対象者の職業を分類した。

複数の職業を持つ場合，または，複数のコードに分類できる場合は，コードの小さい順にセミコロン（;）でつないで併記した。

16

学歴

コード	内訳
1	なし
2	小学校
3	高等小学校・新制中学校
4	旧制中学校・新制高等学校
5	旧制高等学校
6	専門学校
7	大学
90	その他
99	不明

※ver.2.0では「その他」の統一コードを「90」に変更した。

最後に卒業した学校, いわゆる「最終学歴」を記入した。

父親の出身地

コード	内訳
1	鶴岡市
2	鶴岡市以外の山形県
3	山形県以外の都道府県
99	不明

母親の出身地

コード	内訳
1	鶴岡市
2	鶴岡市以外の山形県
3	山形県以外の都道府県
99	不明

配偶者の出身地

コード	内訳
1	鶴岡市
2	鶴岡市以外の山形県
3	山形県以外の都道府県
4	配偶者なし
99	不明

鶴岡調査データベース ver.2.0 解説　237

3．音声・音韻項目

　音声・音韻項目は全36項目である。質問番号は第2回調査・第3回調査のもので統一し，この質問番号の順に統一コード表を掲げる。

　統一コードは，基本的に「1」が共通語の音価ないしアクセント型，「90」は「その他」，「99」はNR（無回答）である。鶴岡調査データベース ver.2.0では，ver.1.0の統一コードの変更を行っている。ver.1.0の統一コードを変更した項目については，注記を施しているので注意されたい。

　また，各質問項目について，参考として調査票対照表を掲載した。質問番号や分類コードの内容は，第1回～第3回調査の調査票で違いがある。また，同一の調査回であっても，報告書に収録された調査票と，実査に用いた調査票とで，分類コードの内容や音声記号に違いがある。そのため，第1回～第3回調査の調査票の分類コードを比較できるようにした。対照表の各調査回の分類コードにおいて，スラッシュ（/）の前が報告書調査票，後が実査調査票である。音声記号は各調査票の表記をそのまま転記している。

201. クチ（口；有声性）

【統一コード表】

コード	内訳
1	tʃ
2	z
90	その他
99	NR

※ver.1.0の統一コード「3：tʃ＋z」（回答内訳は「tʃu」1例「kuutsuɯ」1例「tsi」1例「ts」1例）は，ver.2.0では廃止した。これにより ver2.0では，「tʃu」の回答は統一コード「1：tʃ」に，「kuutsuɯ」「tsi」「ts」の回答は統一コード「90：その他」に再分類した。

※ver.2.0では「その他」の統一コードを「90」に変更した。

【調査票対照表】　報告書調査票 / 実査調査票　の順

		第1回調査		第2回調査		第3回調査
質問番号		61		201		201
分類コード	1	-tʃ- / -tʃ-	1	tʃ / tʃ	1	tʃ / tʃ
	2	-z- / -z-	3	z / z	2	z / z
	3	その他	9	その他	9	その他

19

202. ヒゲ（髭；唇音性Ⅱ）

【統一コード表】

コード	内訳
1	ç
2	F
90	その他
99	NR

※ver.1.0 の統一コード「3：ç＋F」（回答内訳は「ʃi」2例「ʃige」1例「F」1例）は，ver.2.0 では
廃止した。これにより ver.2.0 では，「F」の回答は統一コード「2：F」に，「ʃ」「ʃige」の回
答は統一コード「7：その他」に再分類した。

※ver.2.0 では「その他」の統一コードを「90」に変更した。

【調査票対照表】 報告書調査票 / 実査調査票 の順

質問番号		第1回調査 34		第2回調査 202		第3回調査 202
分類コード	1	çi- / xi-	1	ç / ç	1	ç / ç
	2	ɸçi- / Fçi-	3	F / F	2	F / F
	3	その他	9	その他	9	その他

203. セナカ（背中；口蓋性）

【統一コード表】

コード	内訳
1	s
2	ş , ç
90	その他
99	NR

※ver.2.0 では「その他」の統一コードを「90」に変更した。

【調査票対照表】 報告書調査票 / 実査調査票 の順

質問番号		第1回調査 40		第2回調査 203		第3回調査 203
分類コード	1	se- / se-	1	s / s	1	s / s
	2	sė- , çė- / çe-	3	ş , ç / ş , ç	2	ş , ç / ş , ç
	3	その他	9	その他	9	その他

※第1回調査では，報告書調査票と実査調査票とで分類コード2の内容が異なっている。

203a. セナカ（背中；アクセント）

【統一コード表】

コード	内訳
1	LHH
2	LHL
90	その他
99	NR

※ver.1.0 の統一コード「3：LLL」「4：HLL」「5：HHL」「6：LLH」は，ver.2.0 では廃止した。
　これにより ver.2.0 では，「LLL」「HLL」「HHL」「LLH」の回答は統一コード「90：その他」
　に再分類した。

※ver.2.0 では「その他」の統一コードを「90」に変更した。

【調査票対照表】 報告書調査票 / 実査調査票 の順

質問番号	第1回調査 40		第2回調査 203		第3回調査 203	
分類コード	1	／	1	／	1	○●●／
	2	／	3	／	2	○●○／
	3	その他	9	その他	9	その他

204. アセ（汗；口蓋性）

【統一コード表】

コード	内訳
1	s
2	ş , ç
90	その他
99	NR

※ver.2.0 では「その他」の統一コードを「90」に変更した。

【調査票対照表】 報告書調査票 / 実査調査票 の順

質問番号	第1回調査 41		第2回調査 204		第3回調査 204	
分類コード	1	ase / ase	1	s / s	1	s / s
	2	asè , açè / açe	3	ṡ , ç / ṡ , ç	2	ş , ç / ṡ , ç
	3	その他	9	その他	9	その他

※第1回調査では，報告書調査票と実査調査票とで分類コード2の内容が異なっている。

240 第5部 鶴岡調査の研究資料

205. ハ<u>チ</u>（蜂；有声性）

【統一コード表】

コード	内訳
1	tʃ
2	z
90	その他
99	NR

※ver.2.0 では「その他」の統一コードを「90」に変更した。

【調査票対照表】 報告書調査票 / 実査調査票 の順

質問番号		第1回調査		第2回調査		第3回調査
		60		205		205
分類コード	1	-tʃ- / -tʃ-	1	tʃ / tʃ	1	tʃ / tʃ
	2	-z- / -z-	3	z / z	2	z / z
	3	その他	9	その他	9	その他

206. ハ<u>ト</u>（鳩；有声性）

【統一コード表】

コード	内訳
1	t
2	d
90	その他
99	NR

※ver.2.0 では「その他」の統一コードを「90」に変更した。

【調査票対照表】 報告書調査票 / 実査調査票 の順

質問番号		第1回調査		第2回調査		第3回調査
		59		206		206
分類コード	1	-t- / -t-	1	t / t	1	t / t
	2	-d- / -d-	3	d / d	2	d / d
	3	その他	9	その他	9	その他

鶴岡調査データベース ver.2.0 解説　241

207. ネコ（猫；有声性）

【統一コード表】

コード	内訳
1	k
2	g
90	その他
99	NR

※ver.2.0 では「その他」の統一コードを「90」に変更した。

【調査票対照表】　報告書調査票 / 実査調査票 の順

質問番号	第1回調査		第2回調査		第3回調査	
	57		207		207	
分類コード	1	-k- / -k-	1	k / k	1	k / k
	2	-g- / -g-	3	g / g	2	g / g
	3	その他	9	その他	9	その他

207a. ネコ（猫；アクセント）

【統一コード表】

コード	内訳
1	HL
2	LH
90	その他
99	NR

※ver.1.0 の統一コード「3：LL」は，ver.2.0 では廃止した。これにより ver.2.0 では， 「LL」の回答は統一コード「90：その他」に再分類した。

※ver.2.0 では「その他」の統一コードを「90」に変更した。

【調査票対照表】　報告書調査票 / 実査調査票 の順

質問番号	第1回調査		第2回調査		第3回調査	
	57		207		207	
分類コード	1	＼ / ＼	1	＼ / ＼	1	●○ / ＼
	2	／ / ／	3	／ / ／	2	○● / ／
	3	その他	9	その他	9	その他

23

208. ヘビ（蛇；唇音性Ⅱ）

【統一コード表】

コード	内訳
1	h
2	F
90	その他
99	NR

※ver.2.0では「その他」の統一コードを「90」に変更した。

【調査票対照表】 報告書調査票 / 実査調査票 の順

質問番号		第1回調査		第2回調査		第3回調査
		35		208		208
分類コード	1	xe- / he-	1	x / x	1	x / x
	2	φcé- / Fçe-	3	F / F	2	F / F
	3	その他	9	その他	9	その他

※分類コード1では，第1回調査の実査調査票は「h」，それ以外は「x」が使われているが，「h」と「x」は同じものとみなした。

209. マド（窓；鼻音性）

【統一コード表】

コード	内訳
1	d
2	˜d
90	その他
99	NR

※ver.2.0では「その他」の統一コードを「90」に変更した。

【調査票対照表】 報告書調査票 / 実査調査票 の順

質問番号		第1回調査		第2回調査		第3回調査
		37		209		209
分類コード	1	-d- / -d-	1	d / d	1	d / d
	2	-˜d- / -˜d-	3	˜d / ˜d	2	˜d / ˜d
	3	その他	9	その他	9	その他

210. ハタ（旗；有声性）

【統一コード表】

コード	内訳
1	t
2	d
90	その他
99	NR

※ver.2.0 では「その他」の統一コードを「90」に変更した。

【調査票対照表】 報告書調査票 / 実査調査票 の順

質問番号	第1回調査		第2回調査		第3回調査	
	58		210		210	
分類コード	1	-t- / -t-	1	t / t	1	t / t
	2	-d- / -d-	3	d / d	2	d / d
	3	その他	9	その他	9	その他

210a. ハタ（旗；アクセント）

【統一コード表】

コード	内訳
1	LH
2	LL , HL
90	その他
99	NR

※ver.1.0 の統一コード「3：HL」「10：複数回答」（回答内訳は「LL，HL」1例）は，ver.2.0 では廃止した。また，ver.1.0 の統一コード「2：HL」は，ver.2.0 では「2：LL，HL」に変更した。これにより ver.2.0 では，「HL」の回答は統一コード「2：LL，HL」に，複数回答（「LL，HL」）は統一コード「2：LL，HL」に再分類した。

※ver.2.0 では「その他」の統一コードを「90」に変更した。

【調査票対照表】 報告書調査票 / 実査調査票 の順

質問番号	第1回調査		第2回調査		第3回調査	
	58		210		210	
分類コード	1	○・/ ○・	1	○・/ ○・	1	○● / ・・
	2	○・(＼) / ○・(＼)	3	○・(＼) / ○・(＼)	2	○○,(●○) / ○・,(＼)
	3	その他	9	その他	9	その他

※第3回調査の報告書調査票は「1.●○　2.○○,(○●)」とあるが，誤記のため，「●○」を「○●」に，「○○,(○●)」を「○○,(●○)」に改めて記載した。

244　第 5 部　鶴岡調査の研究資料

211. ス<u>ズ</u>（鈴；鼻音性）

【統一コード表】

コード	内訳
1	dz
2	˜z
90	その他
99	NR

※ver.2.0 では「その他」の統一コードを「90」に変更した。

【調査票対照表】　報告書調査票 / 実査調査票 の順

	第 1 回調査		第 2 回調査		第 3 回調査	
質問番号	38		211		211	
分類コード	1	-dz- / -z-	1	dz / dz	1	dz / dz
	2	-˜z- / -˜z-	3	˜z / ˜z	2	˜z / ˜z
	3	その他	9	その他	9	その他

212. オ<u>ビ</u>（帯；鼻音性）

【統一コード表】

コード	内訳
1	b
2	˜b
90	その他
99	NR

※ver.2.0 では「その他」の統一コードを「90」に変更した。

【調査票対照表】　報告書調査票 / 実査調査票 の順

	第 1 回調査		第 2 回調査		第 3 回調査	
質問番号	39		212		212	
分類コード	1	-b- / -b-	1	b / b	1	b / b
	2	-˜b- / -˜b-	3	˜b / ˜b	2	˜b / ˜b
	3	その他	9	その他	9	その他

213. クツ（靴；有声性）

【統一コード表】

コード	内訳
1	ts
2	z
90	その他
99	NR

※ver.1.0の統一コード「3：tsi」（回答内訳は「ʧi」7例「ʧi」1例「ʧ」1例「tsü」1例）は，ver.2.0では廃止した。これによりver.2.0では，「tsü」の回答は統一コード「1：ts」に，「ʧi」「ʧi」「ʧ」の回答は統一コード「90：その他」に再分類した。

※ver.2.0では「その他」の統一コードを「90」に変更した。

【調査票対照表】 報告書調査票 / 実査調査票 の順

質問番号	第1回調査		第2回調査		第3回調査	
	62		213		213	
分類コード	1	-ts- / -ts-	1	ts / ts	1	ts / ts
	2	-z- / -z-	3	z / z	2	z / z
	3	その他	9	その他	9	その他

214. カキ（柿；有声性）

【統一コード表】

コード	内訳
1	k
2	g
90	その他
99	NR

※ver.2.0では「その他」の統一コードを「90」に変更した。

【調査票対照表】 報告書調査票 / 実査調査票 の順

質問番号	第1回調査		第2回調査		第3回調査	
	56		214		214	
分類コード	1	-k- / -k-	1	k / k	1	k / k
	2	-g- / -g-	3	g / g	2	g / g
	3	その他	9	その他	9	その他

246　第5部　鶴岡調査の研究資料

215. マツ（松；有声性）

【統一コード表】

コード	内訳
1	ts
2	z
90	その他
99	NR

※ver.2.0では「その他」の統一コードを「90」に変更した。

【調査票対照表】　報告書調査票 / 実査調査票 の順

	第1回調査		第2回調査		第3回調査	
質問番号	63		215		215	
分類コード	1	-ts- / -ts-	1	ts / ts	1	ts / ts
	2	-z- / -z-	3	z / z	2	z / z
	3	その他	9	その他	9	その他

216. スイカ（西瓜；唇音性Ⅰ）

【統一コード表】

コード	内訳
1	k
2	gʷ, kʷ
90	その他
99	NR

※ver.1.0の統一コード「3：g」（回答内訳は「g」30例「gaɴ」13例「ga」11例「k」2例「kwa」2例「kʑa」1例「kaɴ」1例「kwaɴ」1例「suːga」1例）は，ver.2.0では廃止した。これにより ver.2.0では，「g」「ga」「k」「kʑa」「suːga」の回答は統一コード「1：k」に，「kwa」の回答は統一コード「2：gʷ, kʷ」に，「gaɴ」「kaɴ」「kwaɴ」の回答は統一コード「90：その他」に再分類した。

※ver.2.0では「その他」の統一コードを「90」に変更した。

【調査票対照表】　報告書調査票 / 実査調査票 の順

	第1回調査		第2回調査		第3回調査	
質問番号	64		216		216	
分類コード	1	-ka / -ka	1	k / k	1	k / k
	2	-gʷα, -kʷα / -gwa	3	gw, kw / gw, kw	2	gʷ, kʷ / gw, kw
	3	その他	9	その他	9	その他

※第1回調査では，報告書調査票と実査調査票とで分類コード2の内容が異なっている。

217. カヨウビ（火曜日；唇音性Ⅰ）

【統一コード表】

コード	内訳
1	k
2	kʷ
90	その他
99	NR

※ver.2.0では「その他」の統一コードを「90」に変更した。

【調査票対照表】 報告書調査票 / 実査調査票 の順

質問番号	第1回調査		第2回調査		第3回調査	
	65		217		217	
分類コード	1	kɑ- / ka-	1	k / k	1	k / k
	2	kʷɑ- / kwa-	3	kw / kw	2	kʷ / kw
	3	その他	9	その他	9	その他

218. ヒャク（百；唇音性Ⅱ）

【統一コード表】

コード	内訳
1	x
2	F
90	その他
99	NR

※ver.2.0では「その他」の統一コードを「90」に変更した。

【調査票対照表】 報告書調査票 / 実査調査票 の順

質問番号	第1回調査		第2回調査		第3回調査	
	36		218		218	
分類コード	1	çɑ- / xa-	1	ç / ç	1	ç / ç
	2	ɸcɑ- / Fçja-	3	F / F	2	F / F
	3	その他	9	その他	9	その他

219. ゼイムショ（税務署；口蓋性）

【統一コード表】

コード	内訳
1	dz
2	ź
90	その他
99	NR

※ver.2.0 では「その他」の統一コードを「90」に変更した。

【調査票対照表】 報告書調査票 / 実査調査票 の順

質問番号		第1回調査		第2回調査		第3回調査
		43		219		219
分類コード	1	dze:- / dze:-	1	dz / dz	1	dz / dz
	2	że:- / że:-	3	ż / ż	2	ź / ź
	3	その他	9	その他	9	その他

220. イキ（息；イとエⅡ）

【統一コード表】

コード	内訳
1	i
2	ẹ
3	ï
4	ï, ẹ
90	その他
99	NR

※ver.1.0の統一コード「2：ï」「3：ẹ」は，ver.2.0では「2：ẹ」「3：ï」に変更した。また，ver.2.0では統一コード「4：ï, ẹ」を新たに設けた。ver.2.0では統一コードを大幅に変更しているので注意されたい。第1回〜第3回のデータを通して比較する場合には，「2：ẹ」「3：ï」を合算してから「4：ï, ẹ」と比べるなどの処理が必要である。

※ver.2.0では「その他」の統一コードを「90」に変更した。

※ver.1.0の「220. イキ」では，データ処理のミスも発見されているため，ver.2.0の利用を推奨する。

【調査票対照表】 報告書調査票 / 実査調査票 の順

質問番号		第1回調査 44		第2回調査 220		第3回調査 220	
分類コード	1	i- / ï-	1	i / i	1	i / i	
	–	–	3	ẹ / ẹ	2	ẹ / ẹ	
	–	–	7	ï / ï	3	ï / ï	
	2	i-, ẹ- / ï-	–	–	–	–	
	3	その他	9	その他	9	その他	

※第1回調査では，報告書調査票と実査調査票とで分類コード2の内容が異なっている。

※第2回調査以降，狭いエ「ẹ」と中舌のイ「ï」の分類コードが分離されている。

250 第5部 鶴岡調査の研究資料

221. エキ（駅；イとエⅠ）

【統一コード表】

コード	内訳
1	e
2	ẹ
3	i
4	i, ẹ
90	その他
99	NR

※ver.1.0の統一コード「2：i」「3：ẹ」は，ver.2.0では「2：ẹ」「3：i」に変更した。また，ver.2.0では統一コード「4：i, ẹ」を新たに設けた。ver.2.0では統一コードを大幅に変更しているので注意されたい。第1回〜第3回のデータを通して比較する場合には，「2：ẹ」「3：i」を合算してから「4：i, ẹ」と比べるなどの処理が必要である。

※ver.2.0では「その他」の統一コードを「90」に変更した。

※ver.1.0の「221. エキ」では，データ処理のミスも発見されているため，ver.2.0の利用を推奨する。

【調査票対照表】 報告書調査票 / 実査調査票 の順

		第1回調査		第2回調査		第3回調査
質問番号		45		221		221
分類コード	1	e- / e-	1	e / e	1	e / e
	–	–	3	ė / ė	2	ẹ / ė
	–	–	7	i / i	3	i / i
	2	i- , ė- / ï-	–	–	–	–
	3	その他	9	その他	9	その他

※第1回調査では，報告書調査票と実査調査票とで分類コード2の内容が異なっている。

※第2回調査以降，狭いエ「ẹ」と中舌のイ「i」の分類コードが分離されている。

222. イト（糸；イとエⅡ）

【統一コード表】

コード	内訳
1	i
2	ẹ
3	ï
4	i, ẹ
90	その他
99	NR

※ver.1.0の統一コード「2：i」「3：ẹ」は，ver.2.0では「2：ẹ」「3：i」に変更した。また，ver.2.0では統一コード「4：i, ẹ」を新たに設けた。ver.2.0では統一コードを大幅に変更しているので注意されたい。第1回～第3回のデータを通して比較する場合には，「2：ẹ」「3：i」を合算してから「4：i, ẹ」と比べるなどの処理が必要である。なお，ver.1.0の統一コード「1：e」は「1：i」の誤記である。

※ver.2.0では「その他」の統一コードを「90」に変更した。

※ver.1.0の「222. イト」では，データ処理のミスも発見されているため，ver.2.0の利用を推奨する。

【調査票対照表】 報告書調査票 / 実査調査票 の順

質問番号		第1回調査 46		第2回調査 222		第3回調査 222
分類コード	1	i- / ï-	1	i / i	1	i / i
	–	–	3	ė / ė	2	ẹ / ė
	–	–	7	ï / ï	3	ï / ï
	2	i- , ė- / ï-	9	その他	9	その他
	3	その他				

※第1回調査の報告書調査票では「1.ɪ- 2.i- , ė-」とあるが，誤記または印刷の欠落と考えられるため，「ɪ-」を「i-」に改めて記載した。

※第1回調査の実査調査票では「1.e- 2.ï-」とあるが，誤記のため，「e-」を「i-」に改めて記載した。

※第1回調査では，報告書調査票と実査調査票とで分類コード2の内容が異なっている。

※第2回調査以降，狭いエ「ẹ」と中舌のイ「ï」の分類コードが分離されている。

252　第5部　鶴岡調査の研究資料

223. エントツ（煙突；イとエI）

【統一コード表】

コード	内訳
1	e
2	ẹ
3	i
4	i, ẹ
90	その他
99	NR

※ver.1.0の統一コード「2：i」「3：ẹ」は，ver.2.0では「2：ẹ」「3：i」に変更した。また，ver.2.0では統一コード「4：i, ẹ」を新たに設けた。ver.2.0では統一コードを大幅に変更しているので注意されたい。第1回〜第3回のデータを通して比較する場合には，「2：ẹ」「3：i」を合算してから「4：i, ẹ」と比べるなどの処理が必要である。

※ver.2.0では「その他」の統一コードを「90」に変更した。

※ver.1.0の「223.エントツ」では，データ処理のミスも発見されているため，ver.2.0の利用を推奨する。

【調査票対照表】 報告書調査票 / 実査調査票 の順

質問番号		第1回調査 47		第2回調査 223		第3回調査 223
分類コード	1	e- / e-	1	e / e	1	e / e
	–	–	3	ė / ė	2	ẹ / ė
	–	–	7	i / i	3	i / i
	2	i-, ė- / ï-	–	–	–	–
	3	その他	9	その他	9	その他

※第1回調査では，報告書調査票と実査調査票とで分類コード2の内容が異なっている。

※第2回調査以降，狭いエ「ẹ」と中舌のイ「i」の分類コードが分離されている。

224. チジ（知事；中舌音Ⅱ）

【統一コード表】

コード	内訳
1	i
2	ï
90	その他
99	NR

※ver.2.0では「その他」の統一コードを「90」に変更した。

【調査票対照表】 報告書調査票 / 実査調査票 の順

質問番号	第1回調査		第2回調査		第3回調査	
	48		224		224	
分類コード	1	tʃiʤi / tʃiʤi	1	i / ʤi	1	i / i
	2	-ʐi / -ʐï	3	i / ʑi	2	i / i
	3	その他	9	その他	9	その他

225. チズ（地図；中舌音Ⅰ）

【統一コード表】

コード	内訳
1	ɯ
2	ï
90	その他
99	NR

※ver.1.0の統一コード「3：ɯ＋ï」（回答内訳は「ʤi」1例「ï」1例「ʐɯ」1例）は，ver.2.0では
　廃止した。これによりver.2.0では，「ʐɯ」の回答は統一コード「1：ɯ」に，「ï」の回答は統
　一コード「2：ï」に，「ʤi」の回答は統一コード「90：その他」に再分類した。

※ver.2.0では「その他」の統一コードを「90」に変更した。

【調査票対照表】 報告書調査票 / 実査調査票 の順

質問番号	第1回調査		第2回調査		第3回調査	
	49		225		225	
分類コード	1	-dzɯ / -dzü	1	ɯ / dzu	1	ɯ / ɯ
	2	-ʐi / -ʐï	3	i / ʑi	2	i / i
	3	その他	9	その他	9	その他

226. シマ（島；中舌音Ⅱ）

【統一コード表】

コード	内訳
1	i
2	ï
90	その他
99	NR

※ver.2.0 では「その他」の統一コードを「90」に変更した。

【調査票対照表】 報告書調査票 / 実査調査票 の順

質問番号		第1回調査 50		第2回調査 226		第3回調査 226
分類コード	1	ʃi- / ʃi-	1	i / ʃi	1	i / i
	2	si- / sï-	3	i / si	2	i / i
	3	その他	9	その他	9	その他

227. スミ（墨；中舌音Ⅰ）

【統一コード表】

コード	内訳
1	ɯ
2	ï
90	その他
99	NR

※ver.2.0 では「その他」の統一コードを「90」に変更した。

【調査票対照表】 報告書調査票 / 実査調査票 の順

質問番号		第1回調査 51		第2回調査 227		第3回調査 227
分類コード	1	sɯ- / sü-	1	ɯ / su	1	ɯ / ɯ
	2	si- / sï-	3	i / si	2	i / i
	3	その他	9	その他	9	その他

228. カラス（烏；中舌音Ⅰ）

【統一コード表】

コード	内訳
1	ɯ
2	ɨ
90	その他
99	NR

※ver.2.0では「その他」の統一コードを「90」に変更した。

【調査票対照表】 報告書調査票 / 実査調査票 の順

質問番号		第1回調査		第2回調査		第3回調査
		52		228		228
分類コード	1	-sɯ / -süï	1	ɯ / su	1	ɯ / ɯ
	2	-siɛ / -sï	3	ɨ / si	2	ɨ / ɨ
	3	その他	9	その他	9	その他

228a. カラス（烏；アクセント）

【統一コード表】

コード	内訳
1	HLL
2	LHL
90	その他
99	NR

※ver.1.0の統一コード「3：LLL」「4：LHH」「5：HHL」「6：LLH」「10：複数回答」
（ver.1.0では複数回答は出現しない）は，ver.2.0では廃止した。これによりver.2.0では，
「LLL」「LHH」「HHL」「LLH」の回答は統一コード「90：その他」に再分類した。

※ver.2.0では「その他」の統一コードを「90」に変更した。

【調査票対照表】 報告書調査票 / 実査調査票 の順

質問番号		第1回調査		第2回調査		第3回調査
		52		228		228
分類コード	1	＼．／	1	＼．／	1	●○○ / ＼．／
	2	／＼ / ／＼	3	／＼ / ／＼	2	○●○ / ／＼
	3	その他	9	その他	9	その他

256 第5部 鶴岡調査の研究資料

229. カラシ（辛子；中舌音Ⅱ）

【統一コード表】

コード	内訳
1	i
2	ɨ
90	その他
99	NR

※ver.1.0 の統一コード「3：ü」（回答内訳は「süɯ」3 例「sɯɯ」1 例「i」1 例「karasüɯ」1 例「karasɯɯ」1 例）は、ver.2.0 では廃止した。これにより ver.2.0 では、「i」の回答は統一コード「1：i」に、「süɯ」「sɯɯ」「karasüɯ」「karasɯɯ」の回答は統一コード「90：その他」に再分類した。

※ver.2.0 では「その他」の統一コードを「90」に変更した。

【調査票対照表】 報告書調査票 / 実査調査票 の順

質問番号	第1回調査		第2回調査		第3回調査	
	53		229		229	
分類コード	1	karaʃi / karaʃi	1	i / ʃi	1	i / i
	2	-siɛ / -sï	3	i / si	2	i / i
	3	その他	9	その他	9	その他

230. キツネ（狐；中舌音Ⅰ）

【統一コード表】

コード	内訳
1	ɯ
2	ɨ
90	その他
99	NR

※ver.2.0 では「その他」の統一コードを「90」に変更した。

【調査票対照表】 報告書調査票 / 実査調査票 の順

質問番号	第1回調査		第2回調査		第3回調査	
	54		230		230	
分類コード	1	-tsɯ- / -tsü-	1	ɯ / tsu	1	ɯ / ɯ
	2	-zi- / -zï-	3	i / zi	2	i / i
	3	その他	9	その他	9	その他

231. ウ<u>チ</u>ワ（団扇；中舌音Ⅱ）

【統一コード表】

コード	内訳
1	i
2	ï
90	その他
99	NR

※ver.1.0 の統一コード「3：ü」（回答内訳は「tsɯ」2 例「tsi」1 例「tʃï」1 例「tʃù」1 例「utsɯwa」1 例）「4：ɯ」（回答内訳は「ɯ」1 例）は，ver.2.0 では廃止した。これにより ver.2.0 では，「tsi」の回答は統一コード「1：i」に，「tʃï」の回答は統一コード「2：ï」に，「tsɯ」「tʃù」「utsɯwa」の回答は統一コード「90：その他」に再分類した。

※ver.2.0 では「その他」の統一コードを「90」に変更した。

【調査票対照表】 報告書調査票 / 実査調査票 の順

		第1回調査		第2回調査		第3回調査	
質問番号		55		231		231	
分類コード	1	-tʃi- / -tʃï-	1	i / tʃi	1	i / i
	2	-zi- / -zï-	3	i / zi	2	i / i
	3	その他	9	その他	9	その他

※第1回調査の実査調査票では「1. -tʃi-　2. -zi-」とあるが，誤記のため，「-zi-」を「-zï-」に改めて記載した。

231a. ウチワ（団扇；アクセント）

【統一コード表】

コード	内訳
1	LHL
2	LLH , LLL
4	LHH
90	その他
99	NR

※ver.1.0の統一コード「3：LLL」「5：HLL」「6：HHL」「10：複数回答」（回答内訳は「LHL」1例）は，ver.2.0では廃止した。また，ver.1.0の統一コード「2：LLH」は，ver.2.0では「2：LLH, LLL」に変更した。これによりver.2.0では，「LLL」の回答は統一コード「2：LLH, LLL」に，「HLL」「HHL」の回答は統一コード「90：その他」に，複数回答（「LHL」）は「1：LHL」に再分類した。

※第3回調査では「LHH」の回答が2割程度あるため，統一コード「4：LHH」を設けた。

※ver.2.0では「その他」の統一コードを「90」に変更した。

【調査票対照表】 報告書調査票 / 実査調査票 の順

質問番号		第1回調査 55		第2回調査 231		第3回調査 231
分類コード	1	⌒ / ⌄‿	1	⌄‿ / ⌒	1	○●⌒ / ⌒
	2	⌄‿ / ⌄‿ (○—○)	3	⌄‿ / ⌄•	2	○○● / ⌄•
	3	その他	9	その他	9	その他

※第1回調査では，報告書調査票と実査調査票とで分類コード2の内容が異なっている。

鶴岡調査データベース ver.2.0 解説　259

4．言語生活項目

　鶴岡調査データベース ver.2.0 では，言語生活項目の中から，場面による使い分け意識に関する 4 項目を収録した。統一コード表とともに，参考として調査票対応表も掲げる。

C1. 家の中のことば

【質問文】
お宅で家族の方たちといろいろお話をなさる時のことばは鶴岡弁ですか。それとも標準語ですか。いろいろ混ざりますか。

【統一コード表】

コード	内訳
1	標準語
2	方言
3	混ざる
4	家族なし
5	使い分ける
99	NR

※「家族がいない」というケースに対して，NR とは別に統一コード「4：家族なし」を設けた。
※「相手によって標準語と方言を使い分ける」といったコメント（調査者が記したもの）に対して，統一コード「5：使い分ける」を設けた。ただし，使い分けのコードは標準語（共通語）と方言の使い分けだけに用い，「鶴岡弁と三川弁を使い分ける」といったものは対象外とした。

【調査票対照表】

質問番号	第 1 回調査		第 2 回調査		第 3 回調査	
	22		309		410	
分類コード	1	標準語	1	標	1	標準語
	3	方言	2	方	2	方言
	2	まざる	3	混	3	混ざる
	−		0	N.A.	−	N.A.

41

260　第 5 部　鶴岡調査の研究資料

C2. 近所の顔見知りとのことば

【質問文】
近所の顔見知りの方とお話なさる時は？

【統一コード表】

コード	内訳
1	標準語
2	方言
3	混ざる
5	使い分ける
99	NR

※「相手によって標準語と方言を使い分ける」といったコメント（調査者が記したもの）に対して，統一コード「5：使い分ける」を設けた。ただし，使い分けのコードは標準語（共通語）と方言の使い分けだけに用い，「鶴岡弁と三川弁を使い分ける」といったものは対象外とした。

【調査票対照表】

質問番号	第 1 回調査 23		第 2 回調査 309		第 3 回調査 410	
分類コード	1	標準語	1	標	1	標準語
	3	方言	2	方	2	方言
	2	まざる	3	混	3	混ざる
	−		0	N.A.	−	N.A.

C3. 鶴岡で顔見知りでない人とのことば

【質問文】
鶴岡の人で顔見知りでない方もおありでしょうが，そういう人とお話なさる時は？

【統一コード表】

コード	内訳
1	標準語
2	方言
3	混ざる
5	使い分ける
99	NR

※「相手によって標準語と方言を使い分ける」といったコメント（調査者が記したもの）に対して，統一コード「5：使い分ける」を設けた。ただし，使い分けのコードは標準語（共通語）と方言の使い分けだけに用い，「鶴岡弁と三川弁を使い分ける」といったものは対象外とした。

42

【調査票対照表】

質問番号		第1回調査		第2回調査		第3回調査
		24		309		410
分類コード	1	標準語	1	標	1	標準語
	3	方言	2	方	2	方言
	2	まざる	3	混	3	混ざる
	－		0	N.A.	－	N.A.

C4. 旅の人とのことば

【質問文】

旅の人などにお話なさる時は？

【統一コード表】

コード	内訳
1	標準語
2	方言
3	混ざる
5	使い分ける
99	NR

※「相手によって標準語と方言を使い分ける」といったコメント（調査者が記したもの）に対して，統一コード「5：使い分ける」を設けた。ただし，使い分けのコードは標準語（共通語）と方言の使い分けだけに用い，「鶴岡弁と三川弁を使い分ける」といったものは対象外とした。

【調査票対照表】

質問番号		第1回調査		第2回調査		第3回調査
		25		309		410
分類コード	1	標準語	1	標	1	標準語
	3	方言	2	方	2	方言
	2	まざる	3	混	3	混ざる
	－		0	N.A.	－	N.A.

262　第5部　鶴岡調査の研究資料

5．その他の項目

　鶴岡調査データベース ver.2.0 では，その他調査に関する項目として調査者 No.を収録した。

調査者 No.

コード
1〜38

　第1回〜第3回鶴岡調査には，異なり38名が調査者として参加している。各調査者に固有の調査者 No.を与えた。

　複数の調査者で面接調査を行った場合は，調査者 No.の小さい順にセミコロン (;) でつないで併記した。

6．度数表

　属性項目の一部と音声・音韻項目，言語生活項目について，使用コードの度数表を掲載する。度数表では，第1回調査を「1」，第2回調査を「2」，第3回調査を「3」，ランダムサンプルを「RS」，パネルサンプルを「PS」と示す。また，ランダム・パネル共通サンプルはランダムサンプルに含めて集計した。

性別

	1RS	2 RS	2 PS	3 RS	3 PS
1	212	179	49	181	136
2	284	222	58	224	172
計	496	401	107	405	308

年代

	1 RS	2 RS	2 PS	3 RS	3 PS
1	57	31	0	45	0
2	95	68	0	52	0
3	131	99	4	86	12
4	97	86	19	74	47
5	77	70	30	78	77
6	39	47	37	68	80
7	0	0	16	2	67
8	0	0	1	0	24
9	0	0	0	0	1
計	496	401	107	405	308

※第3回調査のランダムサンプルに「7：70代」が2あるが，これは調査年から生年を引き算して機械的に年齢を算出したため，70歳になったものである（サンプリング時の年齢は69歳である）。この2サンプルは「6：60代」に含めて扱ってよいものである。

言語形成地コード

	1 RS	2 RS	2 PS	3 RS	3 PS
1	338	241	77	254	202
2	117	117	22	100	78
3	38	42	7	49	26
99	3	1	1	2	2
計	496	401	107	405	308

264 第5部 鶴岡調査の研究資料

言語形成期の鶴岡居住年数

	1 RS	2 RS	2 PS	3 RS	3 PS
0	150	151	29	140	99
1	0	1	0	0	1
2	0	1	0	0	1
3	3	2	0	4	1
4	2	4	0	5	2
5	2	4	0	1	2
6	6	4	1	2	3
7	3	3	1	3	2
8	4	6	1	6	6
9	323	224	74	241	189
99	3	1	1	3	2
計	496	401	107	405	308

言語形成期の山形県居住年数

	1 RS	2 RS	2 PS	3 RS	3 PS
0	36	37	7	42	23
1	0	0	0	0	0
2	0	1	0	0	1
3	1	1	0	0	0
4	1	3	0	6	2
5	4	2	0	1	2
6	5	1	1	2	1
7	1	5	1	2	4
8	3	5	1	3	5
9	442	345	96	346	268
99	3	1	1	3	2
計	496	401	107	405	308

職業

	1 RS	2 RS	2 PS	3 RS	3 PS
1	28	40	11	61	21
2	14	32	5	18	12
3	12	36	1	27	19
4	58	50	17	30	31
5	20	20	5	18	17
6	1	5	0	4	3
7	14	2	3	6	4
8	6	10	2	9	6
9	77	36	10	63	33
10	39	31	5	41	18
11	37	121	40	120	134
複数	4	5	0	8	8
99	186	13	8	0	2
計	496	401	107	405	308

46

学歴

	1 RS	2 RS	2 PS	3 RS	3 PS
1	24	0	1	0	0
2	145	41	20	11	26
3	184	150	44	108	103
4	83	165	32	165	110
5	5	0	1	2	6
6	8	17	5	32	5
7	12	21	2	47	19
90	31	5	1	34	36
99	4	2	1	6	3
計	496	401	107	405	308

父親の出身地

	1 RS	2 RS	2 PS	3 RS	3 PS
1	257	151	60	203	132
2	186	204	37	154	146
3	42	45	6	48	27
99	11	1	4	0	3
計	496	401	107	405	308

母親の出身地

	1 RS	2 RS	2 PS	3 RS	3 PS
1	258	135	61	172	117
2	188	215	36	184	161
3	42	51	6	47	29
99	8	0	4	2	1
計	496	401	107	405	308

配偶者の出身地

	1 RS	2 RS	2 PS	3 RS	3 PS
1	203	166	62	172	163
2	117	125	38	97	104
3	40	35	6	29	23
4	123	75	1	105	17
99	13	0	0	2	1
計	496	401	107	405	308

201.クチ（口；有声性）

	1 RS	2 RS	2 PS	3 RS	3 PS
1	328	352	84	367	275
2	165	42	23	17	31
90	2	7	0	19	2
99	1	0	0	2	0
計	496	401	107	405	308

266 第5部 鶴岡調査の研究資料

202.ヒゲ（髭；唇音性Ⅱ）

	1 RS	2 RS	2 PS	3 RS	3 PS
1	178	297	49	369	239
2	315	97	55	34	63
90	3	7	3	2	6
99	0	0	0	0	0
計	496	401	107	405	308

203.セナカ（背中；口蓋性）

	1 RS	2 RS	2 PS	3 RS	3 PS
1	370	375	92	392	281
2	123	26	15	12	25
90	2	0	0	1	1
99	1	0	0	0	1
計	496	401	107	405	308

203a.セナカ（背中；アクセント）

	1 RS	2 RS	2 PS	3 RS	3 PS
1	46	84	9	148	64
2	448	310	93	219	223
90	0	6	5	36	21
99	2	1	0	2	0
計	496	401	107	405	308

204.アセ（汗；口蓋性）

	1 RS	2 RS	2 PS	3 RS	3 PS
1	396	370	93	393	290
2	95	31	14	10	15
90	2	0	0	1	1
99	3	0	0	1	2
計	496	401	107	405	308

205.ハチ（蜂；有声性）

	1 RS	2 RS	2 PS	3 RS	3 PS
1	302	356	78	372	278
2	192	40	29	15	29
90	1	5	0	18	0
99	1	0	0	0	1
計	496	401	107	405	308

206.ハト（鳩；有声性）

	1 RS	2 RS	2 PS	3 RS	3 PS
1	302	350	77	388	277
2	194	51	30	17	31
90	0	0	0	0	0
99	0	0	0	0	0
計	496	401	107	405	308

48

207.ネコ(猫;有声性)

	1 RS	2 RS	2 PS	3 RS	3 PS
1	310	328	73	373	265
2	186	73	34	32	42
90	0	0	0	0	0
99	0	0	0	0	1
計	496	401	107	405	308

207a.ネコ(猫;アクセント)

	1 RS	2 RS	2 PS	3 RS	3 PS
1	57	140	27	267	118
2	437	257	80	130	180
90	1	4	0	4	8
99	1	0	0	4	2
計	496	401	107	405	308

208.ヘビ(蛇;唇音性Ⅱ)

	1 RS	2 RS	2 PS	3 RS	3 PS
1	236	375	78	391	282
2	260	25	22	14	25
90	0	1	7	0	1
99	0	0	0	0	0
計	496	401	107	405	308

209.マド(窓;鼻音性)

	1 RS	2 RS	2 PS	3 RS	3 PS
1	254	320	79	372	239
2	242	78	28	33	67
90	0	3	0	0	1
99	0	0	0	0	1
計	496	401	107	405	308

210.ハタ(旗;有声性)

	1 RS	2 RS	2 PS	3 RS	3 PS
1	318	344	79	382	264
2	177	56	28	21	40
90	1	0	0	2	2
99	0	1	0	0	2
計	496	401	107	405	308

210a.ハタ(旗;アクセント)

	1 RS	2 RS	2 PS	3 RS	3 PS
1	46	117	21	193	99
2	437	284	86	203	207
90	0	0	0	5	0
99	13	0	0	4	2
計	496	401	107	405	308

268 第5部 鶴岡調査の研究資料

211.スズ(鈴;鼻音性)

	1 RS	2 RS	2 PS	3 RS	3 PS
1	163	289	57	352	203
2	331	112	49	51	104
90	1	0	1	2	0
99	1	0	0	0	1
計	496	401	107	405	308

212.オビ(帯;鼻音性)

	1 RS	2 RS	2 PS	3 RS	3 PS
1	240	330	71	351	221
2	256	70	36	54	87
90	0	1	0	0	0
99	0	0	0	0	0
計	496	401	107	405	308

213.クツ(靴;有声性)

	1 RS	2 RS	2 PS	3 RS	3 PS
1	336	361	90	393	273
2	151	39	17	12	35
90	9	1	0	0	0
99	0	0	0	0	0
計	496	401	107	405	308

214.カキ(柿;有声性)

	1 RS	2 RS	2 PS	3 RS	3 PS
1	309	354	72	378	273
2	186	43	34	26	35
90	0	4	1	1	0
99	1	0	0	0	0
計	496	401	107	405	308

215.マツ(松;有声性)

	1 RS	2 RS	2 PS	3 RS	3 PS
1	347	365	85	393	276
2	148	36	21	12	32
90	1	0	1	0	0
99	0	0	0	0	0
計	496	401	107	405	308

216.スイカ(西瓜;唇音性Ⅰ)

	1 RS	2 RS	2 PS	3 RS	3 PS
1	350	394	101	400	303
2	129	7	3	4	2
90	17	0	3	1	3
99	0	0	0	0	0
計	496	401	107	405	308

217.カヨウビ（火曜日：唇音性Ⅰ）

	1 RS	2 RS	2 PS	3 RS	3 PS
1	441	398	106	404	308
2	52	3	1	1	0
90	0	0	0	0	0
99	3	0	0	0	0
計	496	401	107	405	308

218.ヒャク（百：唇音性Ⅱ）

	1 RS	2 RS	2 PS	3 RS	3 PS
1	210	330	64	372	248
2	286	70	42	32	60
90	0	0	1	0	0
99	0	1	0	1	0
計	496	401	107	405	308

219.ゼイムショ（税務署：口蓋性）

	1 RS	2 RS	2 PS	3 RS	3 PS
1	235	384	104	399	301
2	260	14	3	4	6
90	0	1	0	0	0
99	1	2	0	2	1
計	496	401	107	405	308

220.イキ（息：イとエⅡ）

	1 RS	2 RS	2 PS	3 RS	3 PS
1	139	249	36	344	202
2	0	58	17	24	37
3	0	93	54	37	68
4	353	0	0	0	0
90	0	1	0	0	0
99	4	0	0	0	1
計	496	401	107	405	308

221.エキ（駅：イとエⅠ）

	1 RS	2 RS	2 PS	3 RS	3 PS
1	175	274	39	343	197
2	0	119	56	53	102
3	0	8	11	3	8
4	321	0	0	0	0
90	0	0	1	6	0
99	0	0	0	0	1
計	496	401	107	405	308

270　第5部　鶴岡調査の研究資料

222.イト（糸；イとエⅡ）

	1 RS	2 RS	2 PS	3 RS	3 PS
1	292	313	63	375	255
2	0	34	6	9	13
3	0	54	38	21	40
4	204	0	0	0	0
90	0	0	0	0	0
99	0	0	0	0	0
計	496	401	107	405	308

223.エントツ（煙突；イとエⅠ）

	1 RS	2 RS	2 PS	3 RS	3 PS
1	371	326	58	360	233
2	0	75	44	37	73
3	0	0	5	3	1
4	122	0	0	0	0
90	0	0	0	5	1
99	3	0	0	0	0
計	496	401	107	405	308

224.チジ（知事；中舌音Ⅱ）

	1 RS	2 RS	2 PS	3 RS	3 PS
1	160	233	41	283	135
2	324	166	65	120	168
90	1	0	0	0	5
99	11	2	1	2	0
計	496	401	107	405	308

225.チズ（地図；中舌音Ⅰ）

	1 RS	2 RS	2 PS	3 RS	3 PS
1	159	283	50	365	204
2	335	116	57	38	101
90	2	1	0	2	0
99	0	1	0	0	3
計	496	401	107	405	308

226.シマ（島；中舌音Ⅱ）

	1 RS	2 RS	2 PS	3 RS	3 PS
1	247	292	56	331	197
2	246	109	51	74	110
90	0	0	0	0	0
99	3	0	0	0	1
計	496	401	107	405	308

227.スミ（墨；中舌音Ⅰ）

	1 RS	2 RS	2 PS	3 RS	3 PS
1	333	312	66	377	225
2	163	88	41	27	82
90	0	1	0	0	0
99	0	0	0	1	1
計	496	401	107	405	308

228.カラス（烏；中舌音Ⅰ）

	1 RS	2 RS	2 PS	3 RS	3 PS
1	274	328	65	382	222
2	219	73	42	22	82
90	2	0	0	0	1
99	1	0	0	1	3
計	496	401	107	405	308

228a.カラス（烏；アクセント）

	1 RS	2 RS	2 PS	3 RS	3 PS
1	43	89	12	221	73
2	447	306	94	156	206
90	3	6	1	26	25
99	3	0	0	2	4
計	496	401	107	405	308

229.カラシ（辛子；中舌音Ⅱ）

	1 RS	2 RS	2 PS	3 RS	3 PS
1	164	212	30	297	132
2	326	174	77	103	174
90	2	15	0	4	1
99	4	0	0	1	1
計	496	401	107	405	308

230.キツネ（狐；中舌音Ⅰ）

	1 RS	2 RS	2 PS	3 RS	3 PS
1	300	352	79	388	229
2	196	47	28	16	76
90	0	2	0	0	1
99	0	0	0	1	2
計	496	401	107	405	308

231.ウチワ（団扇；中舌音Ⅱ）

	1 RS	2 RS	2 PS	3 RS	3 PS
1	279	333	51	322	178
2	214	61	56	75	128
90	3	7	0	2	0
99	0	0	0	6	2
計	496	401	107	405	308

272　第5部　鶴岡調査の研究資料

231a.ウチワ（団扇；アクセント）

	1 RS	2 RS	2 PS	3 RS	3 PS
1	32	50	8	92	38
2	464	329	96	209	196
4	0	11	1	92	66
90	0	10	1	9	6
99	0	1	1	3	2
計	496	401	107	405	308

C1.家の中のことば

	1 RS	2 RS	2 PS	3 RS	3 PS
1	30	20	10	16	23
2	411	260	68	222	159
3	54	120	27	157	118
4	1	1	2	8	2
5	0	0	0	1	2
99	0	0	0	1	4
計	496	401	107	405	308

C2.近所の顔見知りとのことば

	1 RS	2 RS	2 PS	3 RS	3 PS
1	38	37	10	43	33
2	392	257	70	222	180
3	66	105	27	126	90
5	0	1	0	6	1
99	0	1	0	8	4
計	496	401	107	405	308

C3.鶴岡で顔見知りでない人とのことば

	1 RS	2 RS	2 PS	3 RS	3 PS
1	91	167	34	159	117
2	287	108	32	89	77
3	118	123	39	134	103
5	0	3	1	20	5
99	0	0	1	3	6
計	496	401	107	405	308

C4.旅の人とのことば

	1 RS	2 RS	2 PS	3 RS	3 PS
1	195	242	52	274	186
2	124	48	19	27	34
3	177	111	36	100	82
5	0	0	0	1	1
99	0	0	0	3	5
計	496	401	107	405	308

鶴岡調査データベース ver.2.0 解説（改訂版）

2017 年 12 月 20 日

国立国語研究所

索　引

A – Z

evidence　　71, 83, 85
Evidence Based Practice　　71
needs　　84, 85
new public　　81
Plain English　　82
pragmatic　　86
seeds　　84, 86

あ

アクセント共通語化得点　　121
アクセント項目　　95
新しい公共　　81, 82
新しい方言形　　112
案文　　42

い

言い換え　　49, 50
移住　　166
移住第 1 世　　166
一般言語学　　69
医療現場　　52
医療者　　52, 53

う

上からの言語変化　　141
ウェルフェア（welfare）　　67, 68, 70–81,
　83, 85–87
ウェルフェア・リングイスティクス　　67,
　69, 83

え

江川・野元モデル　　131
S 字カーブ　　129, 131, 133–135, 140–143,
　145, 184

お

大阪調査　　169
岡崎調査　　153
音韻共通語化得点　　121
音声項目　　95

か

外国人支援　　78
外国人被災者　　82
外来語　　47, 49
外来語言い換え　　47
外来語についての工夫　　49
書きことば　　76
ガ行鼻音　　139
格助詞「さ」　　100
学年の上下　　162
河西データ　　141
学校社会　　159, 161, 163
カテゴリー I（CAT I）　　42, 80
カテゴリー II（CAT II）　　42, 80
可能表現　　100
上田屋　　131, 132, 141
加齢効果　　183
漢字圏　　76

患者　52

き

記憶時間　146
基礎語彙統計学　138
既知感　65
共助　81
行政白書　48
共通語　70, 86
共通語化　96, 115
共通語化率　186
共通語使用能力　108

く

工夫　54, 55
熊本地震　73

け

敬語意識　153, 155, 156
敬語使用　153, 155, 156
敬語表現の成人後採用　157
経年調査　99
継年調査　130
言語記憶の平均像　191
言語計画　86, 87
言語形成期　116, 131
言語権　81, 86
言語習得期　182
言語生活　70, 86
言語政策　86
言語地理学　130, 138, 145
言語的な対応策　57
言語年代学　138

言語問題　47, 51, 52, 56, 57
減災のための「やさしい日本語」研究会　6, 36
検証実験　20, 76

こ

語彙項目　96
広報誌　48
コウホート（同時出生集団＝世代）　141, 142, 145, 195
コウホート系列法　118
コウホート効果　198
コウホート表　196
コウホート分析　195
誤解率　54
国語教育　86
国立国語研究所「外来語」委員会　47
個票データ　206
個別面接調査　168
コミュニティーリーダー　81
「これからの敬語」　153

さ

在社年数　159, 161
最小のグロットグラム　138
裁判員制度　64
サンプリング調査　115

し

シアトル調査　119
自記式質問紙　160
識別問題　201
自助　81

『地震のことばを知ろう！』　18
時代効果　126, 183, 198
下からの言語変化　141
実時間　116, 130, 132–134, 146
実時間調査　145
質問法　106
柴田モデル　130
下北半島　131, 132
社会環境の変化　109
社会言語学　69, 70, 71, 81, 83
社会集団　159
社会的活躍層　125, 130, 143
周期変動　191
集計データ　206
集団移住地　166
生涯習得モデル　181
上下関係　160
小集団　161
使用率　48
職場社会　159, 163
職階　159
所要年数　129, 134, 136, 137, 140
進行中の言語変化　141
親疎関係　160
新方言　141–143
心理的に弱い立場　157

す

水槽モデル　140

せ

斉一性の原理　142
『生活情報誌作成のための「やさしい日本
　　語」ガイドライン』　80

『生活情報誌作成のための「やさしい日本
　　語」用字用語辞典』　80
性差　117
成人後採用（敬語の）　143
性の異同　162
性別　160
世代効果　183
接触度　65
絶対年代移動法　136
説明を加える　54
全国共通語　165
潜在構造　191
全数調査　132
「先輩」という呼称　163
先輩後輩関係　160
専門家と非専門家　56, 66
専門用語　52

そ

想像法　146
属性　156, 159

た

多言語　73, 74
多言語対応　46

ち

地域共通語　165, 167
地域社会　153
『地域社会の言語生活』　70
中越地震　73, 77
聴解　20
調査年　117

調査法 106, 108
超パラメータ 202

つ

追跡調査 119
使い分け 109–111, 113
鶴岡共通語化調査 70, 71, 83, 85, 86, 95, 115, 195
鶴岡市 70
鶴岡ネイティブ 120
『鶴岡方言の記述的研究』 70

て

定型化した談話構造 37
定着度 47
定点・経年 154, 155
定点観測 179
定点経年調査 182
丁寧語 162, 163
丁寧さ 157
定年退職 125
データベース 158, 219
天井効果 188
テンス・アスペクト 100
伝統的方言 112
伝播速度 137

と

東京調査 169
『東京都地域防災計画』 78
同輩・先輩・後輩の関係 162
読解 21
豊岡調査 171

豊中調査 171
トレンド調査 180

な

なじみ度 65
72 時間 73, 81

に

日常語で言い換える 54
日本海中部地震 16
日本言語地図 141
日本語が母語ではない日本語の使い手 33
日本語に不慣れな人 39
日本語能力試験 19, 75
日本語能力試験旧 3 級合格レベル 26
日本語ボランティア教室 62
日本在住外国籍社会人 23
日本人の国民性調査 195
認知率 48, 53

ね

年齢効果 126, 198
年齢層 160

の

ノーマライゼーション 69

は

バイリンガリズム 112, 113
バイリンガル 109, 111

発災時のアナウンスの構成　36
発展的調査　99
跳ね上がり現象　131, 136, 189
パネルサンプル　118, 155
パネル調査　115, 180, 195
浜松市　23
場面差　110, 111
場面差調査　110
場面接触態度　172
場面設定　111
場面調査　155
場面による使い分け　157
パラメータの漸進的変化の条件　202
阪神・淡路大震災　5, 16, 72, 77
反復横断調査　195

ひ

東日本大震災　73, 77, 82
非漢字圏　76
引き戻し現象　190
被災外国人　72
避難所　73, 75
避難生活　39
病院の言葉　52, 53, 55
表現の定型化　43
『弘前市地域防災計画』　79
弘前大学人文学部社会言語学研究室　33, 39

ふ

普通の日本語（NJ）　20, 26
プラグマティック　86
文化差　40
分散分析　120

文の機能　43
文の配列　43
文法項目　98

へ

ベイズ型赤池情報量規準 ABIC　204
ベイズ型モデル　204

ほ

方言化　123
方言学　69
方言敬語　160
方言の使用　161
法廷用語の日常語化　64
北海道共通語　165
北海道方言　167
母方言　112, 113

み

見かけ上の時間　116
見かけ時間　130, 132, 133, 145, 146
宮津調査　171
民俗学　70

む

無作為抽出　154

め

面接調査　155, 160

や

「やさしい日本語」（EJ）　5, 67

〈やさしい日本語〉　61

「やさしい日本語」による情報提供　6

「やさしい日本語」の放送用表現　36

やさしい日本語全国マップ　33

山添　129, 133–137, 140, 144, 145

やんしす　30, 87

ゆ

郵送留置きの自記式アンケート調査　168

ユニバーサルデザイン　40

よ

要援護者　82

読み方スピード調査　28

読みことば　76

ら

ランダムサンプリング　154, 168

ランダムサンプル　118

ランダムサンプル調査　195

り

理解度　47, 50

理解率　48, 53

臨界期記憶　182

る

類別語彙のアクセント　100

ろ

ロジスティック回帰分析　184

ロジスティック曲線　184

わ

分かりにくい外来語　47

分かりやすくする工夫　47, 52, 55

話速　13

執筆者紹介(* は編者)

阿部貴人*(あべ　たかひと)

専修大学文学部准教授
主な著書──『敬語は変わる─大規模調査からわかる百年の動き』[共著](大修館書店、2017)など。

伊藤彰則(いとう　あきのり)

東北大学大学院工学研究科教授
主な著書──『音響学入門』[共著](コロナ社、2011)、『音響情報ハイディング技術』[共著](コロナ社、2018)など。

井上史雄(いのうえ　ふみお)

東京外国語大学・明海大学名誉教授
主な著書──『新・敬語論─なぜ「乱れる」のか』(NHK 出版新書、2017)、『日本語ウォッチング』(岩波新書、1998)など。

佐藤和之*(さとう　かずゆき)

弘前大学人文社会科学部教授
主な編著書・論文──「外国人被災者の負担を減らす「やさしい日本語」」(野村雅昭・木村義之編『わかりやすい日本語』、くろしお出版 、2016)、『どうなる日本のことば─方言と共通語のゆくえ』[共編著](大修館書店、1999)など。

佐藤亮一(さとう　りょういち)

国立国語研究所名誉所員
主な編著書──『都道府県別　全国方言辞典』[編著](三省堂、2009)、『滅びゆく日本の方言』(新日本出版社、2015)など。

杉戸清樹*（すぎと せいじゅ）

国立国語研究所名誉所員
主な著書——『社会言語学』［共著］（おうふう、1992）、『言語行動における日独比較』
［共著］（三省堂、国立国語研究所報告 80、1984）など。

中村隆（なかむら たかし）

統計数理研究所名誉教授、総合研究大学院大学名誉教授
主な著書・論文 ——『第 5 日本人の国民性　戦後昭和期総集』［共著］（出光書店、
1992）、「コウホート分析における交互作用効果モデル再考」（『統計数理』53、2005）な
ど。

前田忠彦*（まえだ ただひこ）

統計数理研究所准教授
主な著書・論文——『心理統計法への招待―統計をやさしく学び身近にするために』
［共著］（サイエンス社、2006）、『言語研究のための統計入門』［共編］（くろしお出版、
2010）など。

前田理佳子（まえだ りかこ）

大東文化大学外国語学部講師
主な論文——「減災のための『やさしい日本語』」（定延利之編『私たちの日本語研究
―問題のありかと研究のあり方』、朝倉書店、2015）、「防災・やさしい日本語」（川村
千鶴子・近藤敦・中本博皓編著『移民政策へのアプローチ―ライフサイクルと多文化
共生』、明石書店、2009）など。

水野義道（みずの よしみち）

京都工芸繊維大学基盤科学系教授
主な論文——「日本語「の」と中国語“的”」（『日本語学』12-11、1993）、「災害時のた
めの外国人向け「やさしい日本語」」（『言語』35-7、2006）など。

御園生保子(みそのお やすこ)

東京農工大学名誉教授

主な著書・論文――「日本語教育と音声」(上野善道監修『日本語研究の 12 章』、明治書院、2010)、「やさしい日本語」(上野智子・定延利之・佐藤和之・野田春美編集『ケーススタディ　日本語のバラエティ』、おうふう、2005)など。

森篤嗣(もり あつし)

京都外国語大学外国語学部教授

主な編著書――『日本語教育文法のための多様なアプローチ』［共編著］(ひつじ書房、2011)、『ニーズを踏まえた語彙シラバス』［編］(くろしお出版、2016)など。

横山詔一*(よこやま しょういち)

国立国語研究所教授

主な著書――『記憶・思考・脳』［共著］(新曜社、2007)、『新聞電子メディアの漢字―朝日新聞 CD-ROM による漢字頻度表』［共編］(三省堂、国立国語研究所プロジェクト選書 1、1998)など。

米田正人*(よねだ まさと)

国立国語研究所名誉所員

主な著書・論文――『大都市の言語生活(分析編)(資料編)』［共著］(三省堂、国立国語研究所報告 70-1、2、1981)、"Survey of standardisation in Tsuruoka, Japan: Comparison of results from three surveys conducted at 20-year intervals"(『日本語科学』2、pp.24–39、1997)など。

シリーズ社会言語科学　2

社会言語科学の源流を追う
Pursuing the Origins of the Sociolinguistic Sciences

Edited by YOKOYAMA Shoichi, SUGITO Seiju, SATO Kazuyuki, YONEDA Masato,

MAEDA Tadahiko, ABE Takahito

発行	2018 年 9 月 18 日　初版 1 刷
定価	3900 円＋税
編者	横山詔一・杉戸清樹・佐藤和之・米田正人・前田忠彦・阿部貴人
発行者	松本功
装丁者	渡部文
印刷・製本所	三美印刷株式会社
発行所	株式会社 ひつじ書房
	〒112-0011 東京都文京区千石 2-1-2　大和ビル 2 階
	Tel.03-5319-4916　Fax.03-5319-4917
	郵便振替 00120-8-142852
	toiawase@hituzi.co.jp　http://www.hituzi.co.jp/

ISBN978-4-89476-931-1

造本には充分注意しておりますが、落丁・乱丁などがございましたら、
小社かお買上げ書店にておとりかえいたします。ご意見、ご感想など、
小社までお寄せ下されば幸いです。